高职高专汽车专业系列教材

# 汽车钣金维修一体化彩色教程

主 编 吴 军
副主编 徐 诞 李 滨

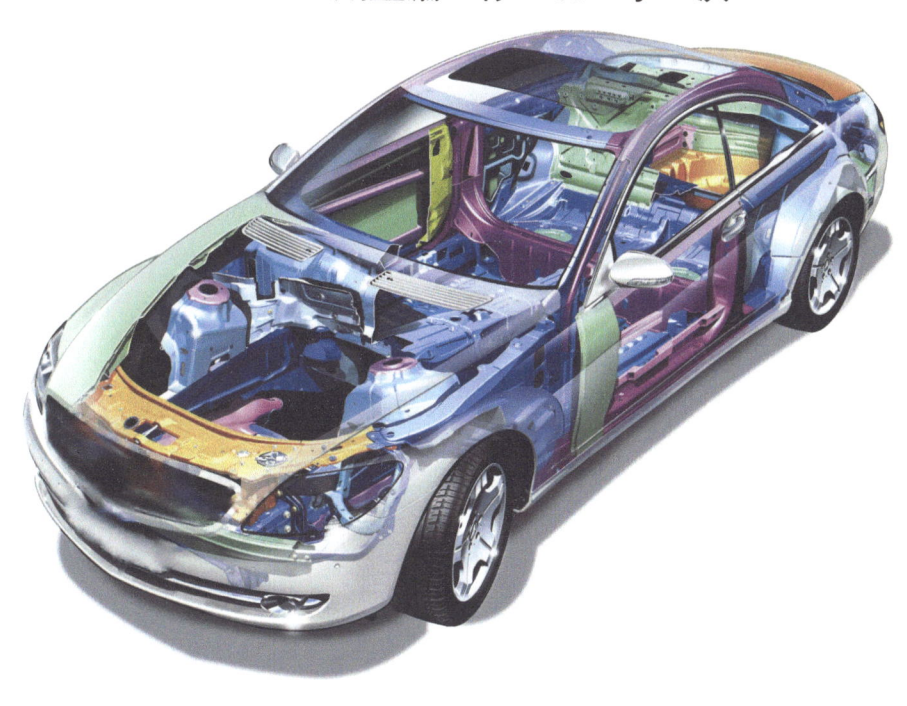

机械工业出版社

《汽车钣金维修一体化彩色教程》以丰田卡罗拉实车为例，介绍了车门饰板、玻璃及玻璃升降器、车门锁止机构、车身塑料修复，包含了车身焊接工艺、车身尺寸电子测量、车门板修复等学习任务，各学校可根据自身的设备条件进行选择，灵活安排。

《汽车钣金维修一体化彩色教程》的特点：以企业工作任务情境导入学习任务，体现工学一体、理实一体化的教学思想；配有大量实物操作流程图片和结构简图，直观高效；操作步骤详细，重点和难点突出，实用性强；以车身结构分析、外饰件拆装、车身结构修复为主线，使理论与实践相结合，是中职高职理实一体化教学的典范教材。本书配有操作视频与教学课件。

## 图书在版编目（CIP）数据

汽车钣金维修一体化彩色教程/吴军主编．—北京：机械工业出版社，2016.2（2024.8重印）

高职高专汽车专业系列教材

ISBN 978-7-111-52864-7

Ⅰ．①汽…　Ⅱ．①吴…　Ⅲ．①汽车-钣金工-维修-高等职业教育-教材　Ⅳ．①U472.4

中国版本图书馆CIP数据核字（2016）第023115号

机械工业出版社（北京市百万庄大街22号　邮政编码100037）
策划编辑：齐福江　责任编辑：齐福江
版式设计：霍永明　责任校对：陈　越
封面设计：陈　沛　责任印制：单爱军
北京中科印刷有限公司印刷
2024年8月第1版第6次印刷
184mm×260mm・10.75印张・250千字
标准书号：ISBN 978-7-111-52864-7
定价：55.00元

凡购本书，如有缺页、倒页、脱页，由本社发行部调换

电话服务　　　　　　　　　　　　　　网络服务
服务咨询热线：010-88379833　　　机工官网：www.cmpbook.com
读者购书热线：010-88379649　　　机工官博：weibo.com/cmp1952
　　　　　　　　　　　　　　　　　　教育服务网：www.cmpedu.com
封面无防伪标均为盗版　　　　　　　金　书　网：www.golden-book.com

# 前　言

随着汽车工业的飞速发展，社会对汽车维修技术的要求越来越高，而掌握现代汽车维修技术的技能型人才却越来越缺乏。为了满足汽车维修职业教育与汽车维修行业零距离对接的要求，编者在深入研究了现今汽车维修行业实际工作过程中常见的汽车钣金项目后，进一步筛选汽车钣金教学实训项目，将汽车钣金专业教学目标与汽车维修一线实践紧密结合，特编写此教材。本书是机械工业出版社高职高专汽车专业系列教材。

《汽车钣金维修一体化彩色教程》体现了以职业能力为本位，以能力应用为核心，依据一线实际，着重解决"教什么"和"怎么教"的问题；加强教学针对性，与相应的职业资格标准紧密衔接。本教材内容适应汽车维修行业对技能型人才的培养要求，具有以下特点：

1. 教材采用学习任务的形式编写，以汽车维修企业实际工作项目作为依据，通过学习目标、学习资料、技术标准与要求、实训器材、教学组织、工艺流程等体系，构建知识和技能模块。

2. 配有操作视频（配套视频索取QQ：476643532）与教学课件。教材满足汽车钣金专业中级工应知应会的知识技能要求，突出了技能训练和学习能力的培养，符合专业培养目标和职业能力的基本要求，难易程度适中，切合中技及中高职学生的实际水平。

3. 教材反映了汽车工业的新知识、新技术、新工艺和新标准，同时注意新设备、新材料和新方法的介绍，工艺过程尽可能与当前生产情景一致。

4. 教材文字简洁，通俗易懂，以图为主，图文并茂，形式生动，容易培养学生的学习兴趣，有利于提高学习效果。

《汽车钣金维修一体化彩色教程》由常州交通技师学院吴军担任主编，常州交通技师学院徐诞和浙江省长兴职业教育中心李滨担任副主编，常州交通技师学院罗月婷、恽凯参编。本书在编写过程中，得到了部分汽车维修企业的支持，在此表示感谢。

由于编者经历和水平有限，教材中难免存在不妥和错误之处，恳请读者提出宝贵意见。

编　者

# 目 录

前言

学习任务一 车门内饰板、后视镜拆装与更换工艺 1
一、知识准备 1
 1. 车门内饰板、后视镜的组成、种类和作用
 2. 不同类型卡扣、卡扣拆卸工具的使用方法
二、技术标准与要求 5
三、工艺流程 6
 1. 操作准备
 2. 车内内饰板、后视镜的拆卸工艺
 3. 车门内饰板、后视镜的检查
 4. 车内内饰板、后视镜的安装工艺
 5. 工具、设备、场地的整理
四、课后练习 21
五、操作能力考核表 22

学习任务二 玻璃及玻璃升降器的拆装与更换工艺 24
一、知识准备 24
 1. 汽车玻璃升降器的功用、分类以及特点
 2. 汽车车窗玻璃的组成、作用
 3. 玻璃升降器的工作原理及工作过程
二、技术标准与要求 27
三、工艺流程 28
 1. 操作准备、车门内饰板的拆卸工艺
 2. 玻璃及玻璃升降器总成的拆卸工艺与质量检查
 3. 玻璃及玻璃升降器总成的安装工艺与其他附件的安装
 4. 工具、设备、场地的整理

# 目 录

  四、课后练习　37
  五、操作能力考核表　38

**学习任务三　门锁机构的拆装与更换工艺　39**
  一、知识准备　39
    1. 汽车门锁机构的组成部件与分类
    2. 汽车门锁机构的作用及工作原理
    3. 现代工艺对车门锁的要求
  二、技术标准与要求　43
  三、工艺流程　44
    1. 外拉手总成、锁芯的拆卸工艺
    2. 车门锁块总成的拆卸与安装工艺
    3. 外拉手总成、锁芯的安装工艺
    4. 其他附件的安装与工具、设备、场地的整理
  四、课后练习　54
  五、操作能力考核表　54

**学习任务四　汽车发动机室盖的拆装与更换工艺　56**
  一、知识准备　56
    1. 汽车发动机室盖的组成部件
    2. 汽车发动机室盖的作用
  二、技术标准与要求　58
  三、工艺流程　59
    1. 准备工作及辅件的拆卸
    2. 发动机室盖的拆卸
    3. 发动机室盖的安装与缝隙的调整
    4. 辅件的安装与工具、设备、场地的整理
  四、课后练习　68
  五、操作能力考核表　69

**学习任务五　保险杠总成的拆装与更换工艺　70**
  一、知识准备　70
    1. 保险杠的定义、结构组成
    2. 汽车保险杠的要求与作用
  二、技术标准与要求　72
  三、工艺流程　73
    1. 操作准备
    2. 保险杠的拆卸、安装工艺

    3. 保险杠与翼子板、发动机罩缝隙的检查
    4. 电器设备的检查与工具、设备、场地的整理
  四、课后练习　81
  五、操作能力考核表　82

## 学习任务六 | 汽车保险杠的修复工艺　83
  一、知识准备　83
    1. 塑料的主要特性
    2. 汽车用塑料的种类与鉴别方式
    3. 塑料焊接修复的注意事项
  二、技术标准与要求　87
  三、工艺流程　89
    1. 确认损伤区域
    2. 表面预处理
    3. 塑料焊接修复
    4. 工具、设备、场地的整理
  四、课后练习　93
  五、操作能力考核表　93

## 学习任务七 | 传统焊接工艺　95
  一、知识准备　95
    1. 焊接工艺的分类与常用的焊接方法
    2. 氧乙炔焊接的设备的组成、其火焰的类型
    3. 手工电弧焊的工作原理与规范操作工艺
  二、技术标准与要求　100
  三、工艺流程　101
    1. 操作准备
    2. 板件焊接
    3. 熔渣的清理与焊缝的检查及补焊
    4. 工具、设备、场地的整理
  四、课后练习　108
  五、操作能力考核表　109

## 学习任务八 | 二氧化碳气体保护焊的焊接工艺　110
  一、知识准备　110
    1. 二氧化碳气体保护焊机、保护气体的组成
    2. 二氧化碳气体保护焊的工作原理及特点
    3. 二氧化碳气体保护焊的检验标准

二、技术标准与要求　114

三、工艺流程　115

 1. 操作准备

 2. 设备参数的调节

 3. 焊接工艺

 4. 工具、设备、场地的整理

四、课后练习　125

五、操作能力考核表　126

## 学习任务九　车身尺寸电子测量　127

一、知识准备　127

 1. 如何正确识读车身底部数据图

 2. SHARK 超声波电子测量系统的特点、组成

二、技术标准与要求　133

三、工艺流程　134

 1. 仪器准备

 2. 基本信息选择

 3. 测量、读取车身数据

 4. 工具、设备、场地的整理

四、课后练习　147

五、操作能力考核表　147

## 学习任务十　车门板的修复工艺　149

一、知识准备　149

 1. 金属材料的变形特点

 2. 轿车车门结构特点

 3. 正确分析车身碰撞变形损伤

二、技术标准与要求　154

三、工艺流程　155

 1. 判断损伤区域

 2. 打磨旧漆面、清洁

 3. 拉伸、修复工艺

 4. 去高点收火

 5. 工具、设备、场地的整理

四、课后练习　163

五、操作能力考核表　164

# 学习任务一

## 车门内饰板、后视镜拆装与更换工艺

**Task 1**

 学习目标

完成本学习任务后，你应当达到如下目标：

1. 知识目标
1) 了解汽车车门内饰板、后视镜的组成结构。
2) 了解汽车车门内饰板所用的材料及固定方式。

2. 能力目标
1) 规范拆卸车门内饰板、后视镜总成。
2) 根据车身维修手册，安全规范地进行更换操作。
3) 会运用所学知识对不同类型的汽车内饰板、后视镜进行正确更换。

3. 养成目标
1) 养成共同协作的好习惯。
2) 养成将拆下的部件妥善存放的好习惯。

 建议学时

建议完成本学习任务的时间为12课时。

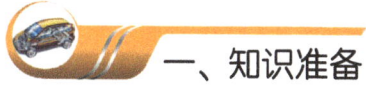 一、知识准备

车门饰板是装饰车门的板式结构件，包括车门内饰板和三角装饰板。车门饰板的表面覆盖材料一般为天然纤维或合成纤维纺织品、皮革、人造革、复合材料、泡沫材料等。

车门内饰板对汽车内饰整体的美观性、乘坐舒适性、使用方便性及安全性等起着至关重要的作用。拆卸车门饰板时，应注意其固定方式及所用固定件。一般固定件有螺钉、塑料固定卡扣、弹簧夹等。拆卸中先拆除固定件，再使用专用工具将饰板与车门总成分离。

汽车后视镜属于重要的安全件之一，它对镜面、外形和操纵机构有较高的要求。后视镜

按安装位置划分为外后视镜、下后视镜和内后视镜。外后视镜反映汽车的后侧方情况,下后视镜反映汽车前下方情况,内后视镜反映汽车后方及车内情况。不同用途的后视镜结构也有所不同。一般后视镜镜面主要有两种:一种是平面镜,顾名思义镜面是平的,用术语表述就是"表面曲率半径 $R$ 无穷大",这与一般家庭用镜一样,可得到与目视大小相同的映像,这种平面镜常用做内后视镜。另一种是凸面镜,镜面呈球面状,具有大小不同的曲率半径,它的映像比目视小,但视野范围大,如同相机"广角镜"的作用,这种凸面镜常用做外后视镜和下后视镜。

轿车及其他轻型乘用车一般装配外后视镜和内后视镜,大型商用汽车(大客车和载货车)一般装配外后视镜、下后视镜和内后视镜。

**引导问题一** 汽车车门内饰板、后视镜由哪些部件组成?

车门内饰板总成主要由车门内饰板本体、内拉手分总成、扶手座上板及支架总成、喇叭盖等组成,如图1-1所示。

汽车后视镜总成,一般由后视镜玻璃和后视镜框两部分组成。后视镜根据操控方式的不同,可分为手动后视镜与电动后视镜。目前,部分中高档车辆后视镜带有加热功能。

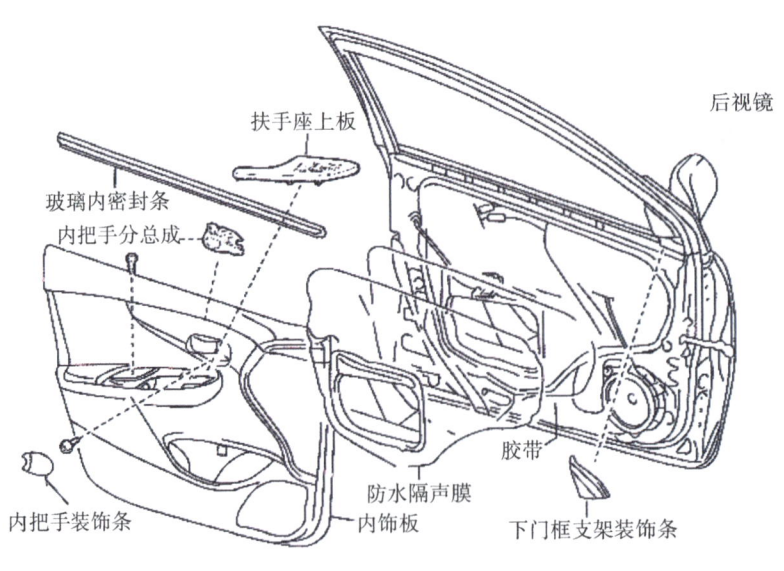

图1-1 汽车车门内饰板、后视镜

**引导问题二** 车门内饰板的种类有哪些?

车门内饰板大致分为三类:

1)局部覆盖件:车门内板露出一部分,不全部覆盖,是一种简单、廉价的车门内饰,多用于小型廉价轿车。

## 学习任务一　车门内饰板、后视镜拆装与更换工艺

2）整体覆盖件：把车门内板全部覆盖，成为一个整体的内护板，是简单型结构的改进。内饰板上端部设置其他部件，但往往不设车门扶手。

3）分块整体覆盖型：用两块或两块以上的部件覆盖的车门内装饰板。一般在内饰板下半部使用成形树脂，可将车门扶手、储物槽等均整体成形。

### 引导问题三　车门内饰板、后视镜的作用是什么？

现代汽车室内基本都采用树脂内饰板遮盖车门整体上的裸露金属。同时，车门内饰板通过添加部分附属的物品，提高汽车内饰的美观性。内饰板的高低相应决定了车辆档次的高低。

同时，由于采用树脂材料，当发生碰撞时乘坐人员也不易受伤，起到了一定的保护作用。内饰板与车门钢板之间有防水隔声膜等辅件，行驶过程中降低外界噪声的干扰，阻挡雨水与内饰板上电器线路的接触，改善了车内舒适性与安全性。

汽车后视镜直接反映汽车后方、侧方和下方的情况，使驾驶人可以间接看清楚这些位置的情况。它起着"第二只眼睛"的作用，扩大了驾驶人的视野范围。

### 引导问题四　卡子和卡爪的拆卸方法？

车身上常采用卡子来连接或固定塑料板件，一般采用卡子专用拆卸工具、钳子、旋具或宽刮刀来拆卸未带销轴的卡子。拆卸有销轴的卡子，先要推入、拧开或撬开销轴。如果操作过程中卡子损坏，必须使用新卡子进行更换。车身零件中使用了很多的卡子，拆卸时要使用旋具脱开卡爪，拆卸罩或盖。

> **小提示**
> 
> 将拆卸下来的卡子、螺栓及部件规范存放。将卡子存放在专用的存放盒内，以便提高工作效率。

**未带销轴的卡子拆卸方法**

| 卡子类型 | 拆卸方法 | 拆卸方法说明 |
|---|---|---|
|  |  | 使用卡子专用拆卸工具从上表面拆下卡子，或使用钳子从下表面拆下卡子 |

（续）

| 卡子类型 | 拆卸方法 | 拆卸方法说明 |
|---|---|---|
|  |  | 使用卡子专用拆卸工具或旋具拆下紧固件 |
|  |  | 使用宽刮刀拆卸卡子以防损坏面板 |

带销轴的卡子拆卸方法

| 卡子类型 | 拆卸方法 | 拆卸方法说明 |
|---|---|---|
|  |  | 推入卡子中间的销轴，撬开销壳，以拆下卡子 |
|  |  | 使用旋具拧开销轴，撬开销壳，拆下卡子 |
|  |  | 撬开销轴，然后撬开销壳，以拆下卡子 |

学习任务一 车门内饰板、后视镜拆装与更换工艺

## 二、技术标准与要求

1. 参训学生必须穿戴相应的劳动保护用品（工作服、手套、安全鞋），以免发生意外事故。
2. 操作前先将蓄电池负极拆除，以免损坏用电设备。
3. 使用一字旋具或卡扣等专用工具时，要注意保护漆面，防止损伤漆膜。
4. 内饰件拆装过程中，要注意保护表面不被划伤或损坏，防止因损伤造成内饰件的美观性。
5. 拆装过程中，注意操作方式，防止损坏车身电器线路及其他零部件，严禁野蛮操作。

## 实训器材

世达工具组套

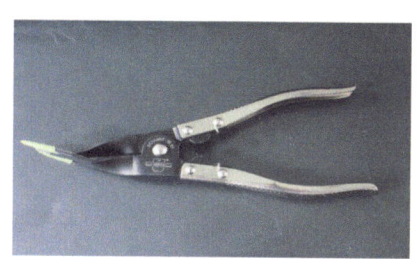

门饰板拆卸分离器

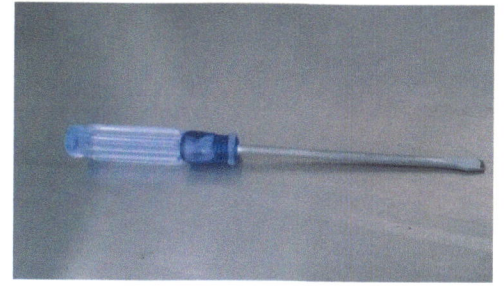

一字旋具

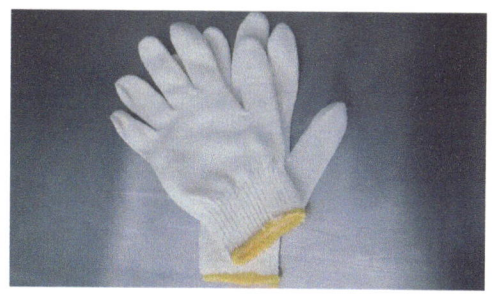

手套

## 教学组织

（1）教学组织形式

每辆车安排 4 名学生参与实训，两名学生一组，一组操作，一组观察学习。

（2）学生站位分工和要求

两名学生一组,按照1号、2号进行编号,1号为主,2号为辅助。

(3) 实训教师职责

讲解操作步骤和注意事项;下达"操作开始"口令;工位间巡视、检查、指导和纠正错误。

(4) 学生职责变换

两名学生实行职责变换制度,即第一遍1号为主,2号辅助;第二遍2号为主,1号辅助。

## 三、工艺流程

**第一步 操作准备**

1. 车辆进入工位前,参训学生将工位卫生清理干净,排除障碍物,准备好相关的工具、物品等。

 提示:

培养良好的工作习惯,做好事前准备,有利于安全操作和提高工作效率。

2. 将车辆平稳停驻在工位上。

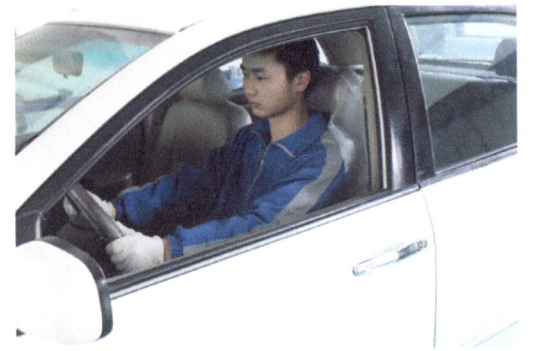

3. 1号学生安装室内四件套。

 提示:

室内四件套包括座椅套、转向盘套、变速杆套、地板垫,用来保证驾驶室内清洁。

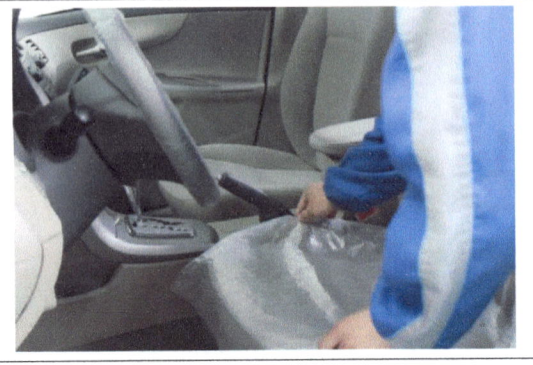

学习任务一　车门内饰板、后视镜拆装与更换工艺

（续）

4. 1号学生将变速杆至于P位，拉紧驻车制动器。

 提示：

为保证车辆在工位上的可靠停驻，防止出现溜滑，造成安全事故，因此，要拉紧驻车制动器。

5. 1号学生打开发动机室盖，使用扳手将蓄电池负极电缆拆下。

 提示：

操作过程中，断开蓄电池负极电缆，以免损坏电气设备。

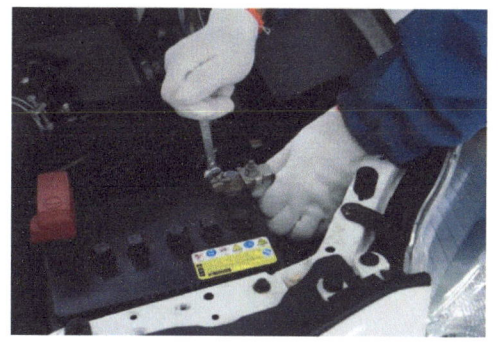

6. 1号学生打开汽车车门，并将车门完全开启。

 提示：

完全开启车门主要是为了方便操作。根据场地大小可适当调整。

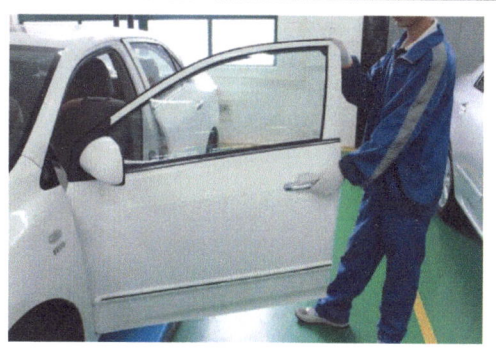

## 第二步　拆卸车门内把手及扶手座总成

1. 2号学生将小一字旋具传递给1号学生。

 提示：

小一字旋具主要用于撬开各塑料盖，避免塑料表层损伤。

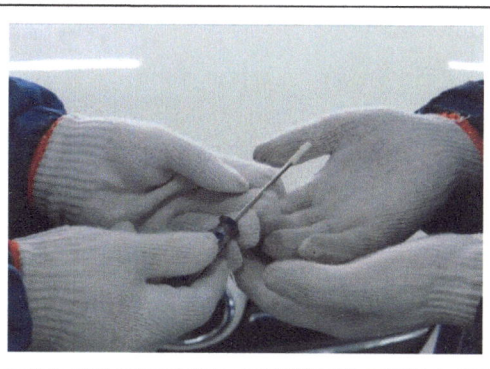

（续）

2. 1号学生使用小一字旋具撬开内拉手装饰盖。

提示：

1）撬动塑料装饰盖时，要注意力度，避免塑料表层损伤，严禁野蛮操作。
2）使用金属制品撬塑料装饰盖时，最好在端部缠好保护胶带。

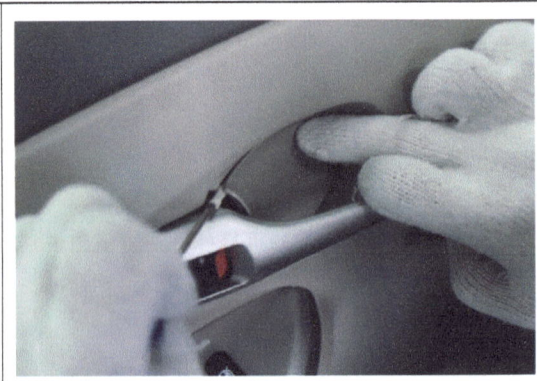

3. 2号学生将十字旋具传递给1号学生。

提示：

此项操作最好使用带磁性端部的十字旋具。拆卸过程中旋具端部可以吸住槽内的螺钉，便于拆装。

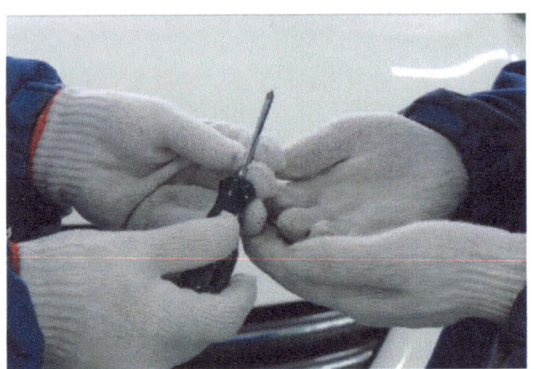

4. 1号学生使用十字旋具拆卸内拉手装饰盖螺钉。

提示：

1）为方便拆装，一只手可按住装饰盖，另一只手拆卸内拉手装饰盖螺钉。
2）部分车辆内拉手装饰盖螺钉去除后，可直接将内拉手装饰件取出。

5. 1号学生使用十字旋具拆卸车门内饰板扶手座螺钉。

提示：

拆卸时注意十字旋具应与螺钉呈垂直状，防止拆卸过程中损坏螺钉孔。

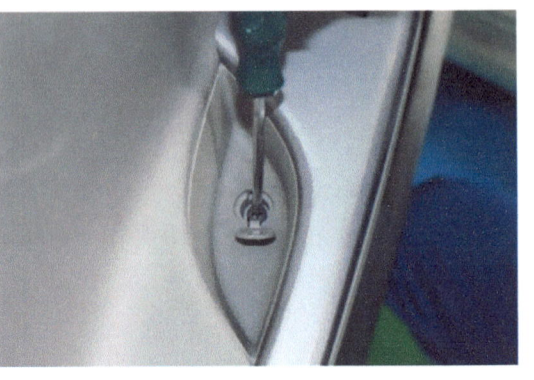

## 学习任务一　车门内饰板、后视镜拆装与更换工艺

(续)

6.1号学生使用小一字旋具将车门扶手座上板从端部轻轻翘起。

提示：

1) 扶手座上板采用卡扣与车门内饰板连接，一般采用贴片式卡扣和塑料卡扣两种。
2) 撬动时，应从卡扣端进行撬动，因为卡扣端处有一定弹力，不易损坏装饰件。

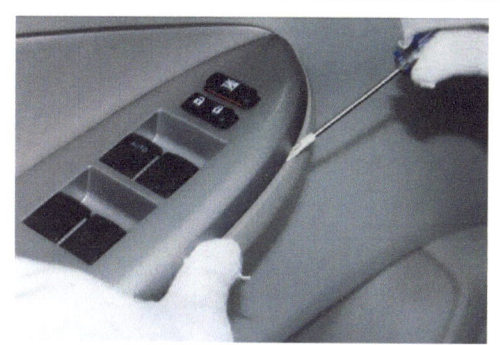

7.1号学生用手将车门扶手座向反方向推动并向上抬起，取出车门扶手座。

提示：

取出车门扶手座时，应注意玻璃升降机线速及插接器，严禁野蛮操作。

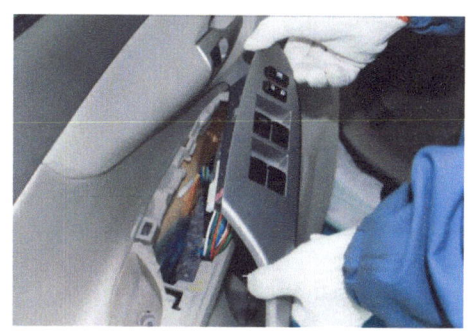

8.1号学生将玻璃升降机线插接器与控制开关断开，并将车门扶手座总成传递给2号学生，2号学生将其放置在规定位置。

提示：

1) 一般情况下，用手松开线束插接器即可。但如果线束插接器过紧时，可用小一字旋具顶住插接器卡扣，将插接器与控制器分开。
2) 拆卸插接器时，一定要顶住卡扣，严禁野蛮操作，防止损坏部件。

### 第三步　拆卸车门装饰板总成

1. 车内内饰板卡扣示意图。

提示：

丰田卡罗拉使用的卡扣为塑料件形式，左、右侧及下方共分布8个卡扣，饰板上方采用玻璃密封条连接。

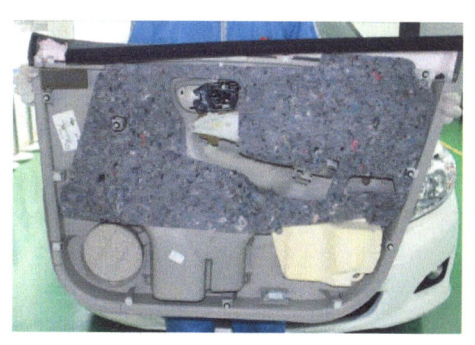

(续)

2. 2号学生把卡扣拆卸专用工具传递给1号学生。

3. 1号学生使用卡扣拆卸专用工具将车门内饰板从下方轻轻分开,使卡扣与车门分离。

 提示:

1) 拆除车门内饰板前需再次检查是否将所有固定螺钉取出,避免损坏车门内饰板。
2) 卡扣拆卸专用工具必须从门饰板下方,依次按对角顺序使卡扣与车门分离,操作中注意保护漆面。

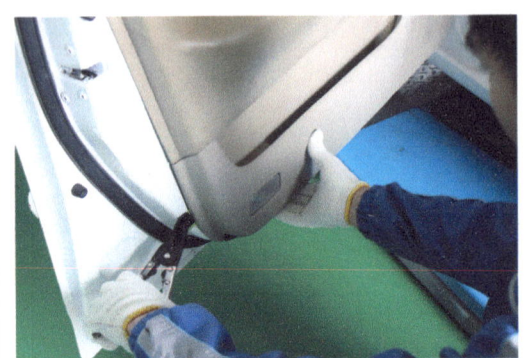

4. 1号学生双手握住车门内饰板,检查其卡扣是否完全与车门分离。

 提示:

检查时可将车门内饰板轻微前后摆动,检查有无阻力或用手四周环绕检查。

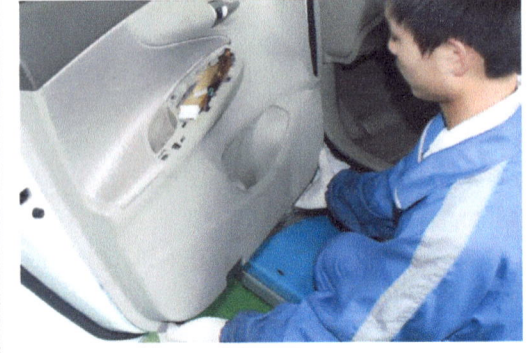

5. 1号学生双手握住车门内饰板总成两端,向上轻轻抬起,将车门内饰板与车门分离。

 提示:

1) 拆卸车门内饰板总成时,内把手分总成拉锁未拆卸,要随时注意内把手变形情况,防止损坏内把手总成。
2) 取下车门内饰板总成时,防止损坏车门周围漆膜。

## 学习任务一 车门内饰板、后视镜拆装与更换工艺

（续）

6. 1号学生将车门内饰板以底部为中心向外倾斜30°左右，用手扶住车门内饰板总成，将门把手分总成与车门锁止遥控拉索分离。

 提示：
车门锁止遥控拉索有两处固定扣装置，先将塑料固定扣分离，再将拉索与门把手分总成分离。

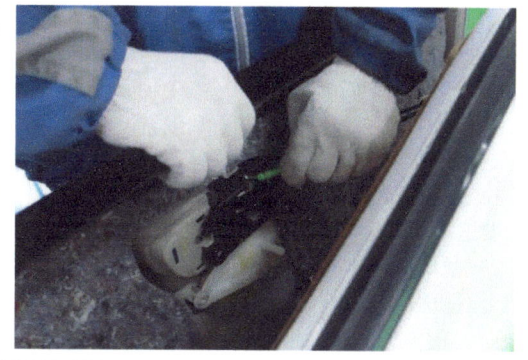

7. 1号学生将门把手分与车门内侧锁止拉索分离。

 提示：
车门内侧锁止拉索有两处固定扣装置，先将塑料固定扣分离，再将车门内侧锁止拉索与门把手分总成分离。

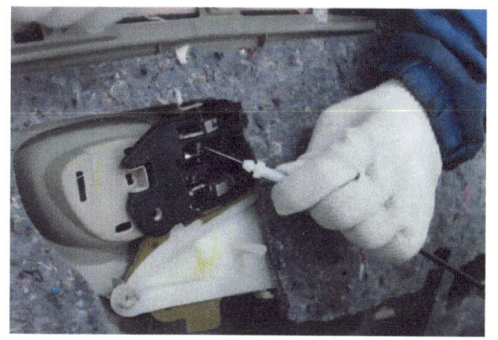

8. 1号学生将车门内饰板取下，并传递给2号学生。2号学生将其放置在规定位置。

 提示：
车门内饰板总成为合成材料，应将车门装饰板总成放于干燥洁净处，防止污损车门装饰板总成。

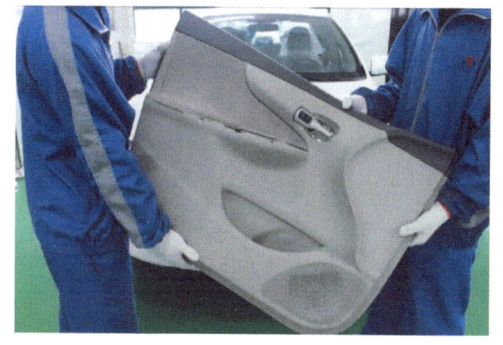

### 第四步 拆卸下门框支架装饰条

1. 2号学生将一字旋具传递给1号学生。

 提示：
一字旋具主要用于撬开车门支架装饰条。

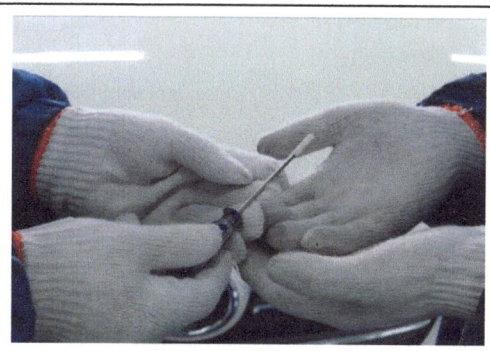

（续）

2. 1号学生使用一字旋具从下门框支架装饰条边缘插入，撬起下门框支架装饰条分总成。

💡 提示：

1）下门框支架装饰条为塑料制品，撬动时，用力要适当，防止将其损坏。

2）撬动前，在车门框与下门框支架装饰条边缘垫上软质物品，防止损坏漆膜。

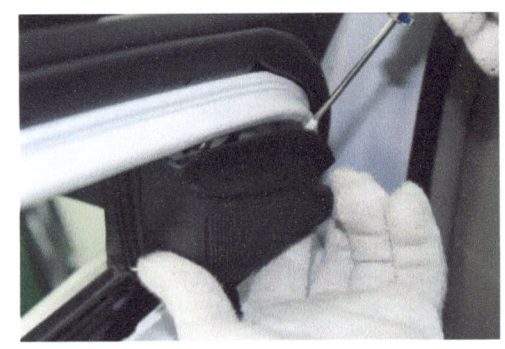

3. 1号学生使用一字旋具抵住扬声器插接器锁止卡扣，并拔出插接器，取下下门框支架装饰条。

💡 提示：

1）扬声器装于下门框支架装饰条内侧，插接器未拆卸前，严禁大幅度拉扯。

2）插接器锁止卡扣未解锁状态下，不能拉拔线束，防止损坏。

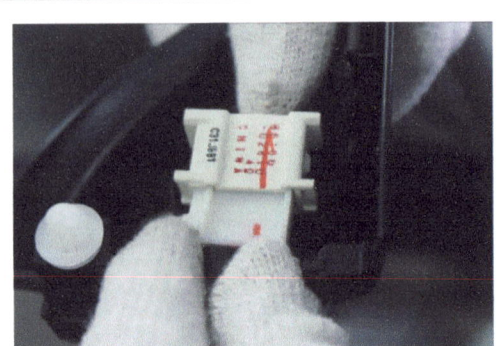

4. 1号学生将下门框支架装饰条传递给2号学生，2号学生将其放置在规定位置。

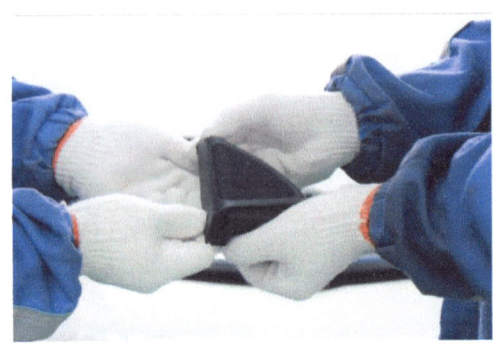

### 第五步　拆卸后视镜总成

1. 1号学生用手抵住后视镜线束插接器锁止扣，并将后视镜线束拔下。

💡 提示：

1）插接器锁止卡扣未解锁状态下，不能拉拔线束，防止损坏。

2）如果插接器锁止卡扣配合较紧，可以使用一字旋具轻轻撬动拆卸。

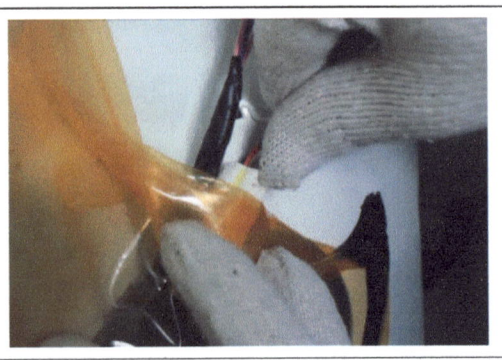

# 学习任务一　车门内饰板、后视镜拆装与更换工艺

（续）

2. 2号学生将 φ10mm 套筒、接杆、棘轮扳手组装后传递给1号学生。

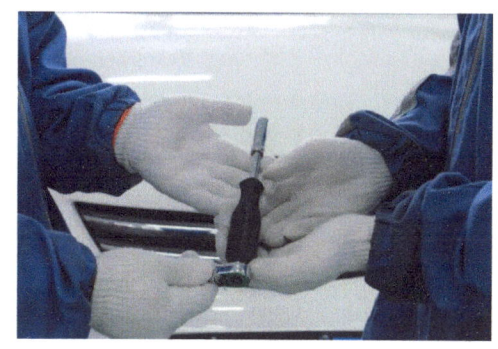

3. 1号学生使用 φ10mm 组合扳手拧松后视镜总成3只固定螺栓，并取下。

 提示：

拆卸后视镜固定螺栓时，需对角均匀分次拧松，防止损坏或变形。

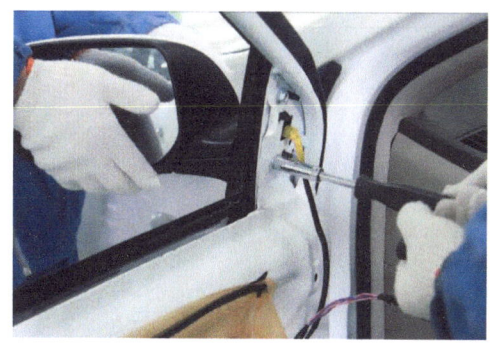

4. 1号学生用手抵住后视镜总成临时固定扣，将后视镜总成与门框分离。

 提示：

1）临时固定扣采用塑料材料制成，扳动时，用力要适当，防止扳断。
2）如果临时固定扣配合较紧，可微微抬高后视镜总成，方便拆卸。

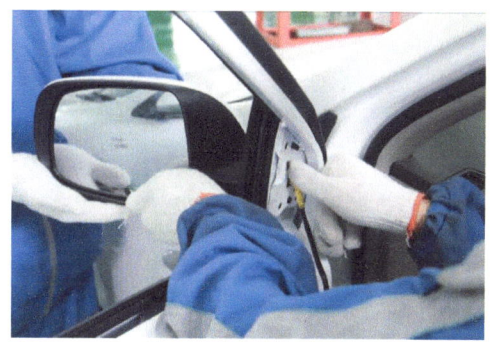

5. 1号学生用手握住后视镜总成，将后视镜总成线束从门框线束座孔中抽出，取下后视镜总成。

 提示：

后视镜总成线束从线束座孔中抽出时，严禁拉扯，防止拉断线束，如阻力较大，应立即停止操作。同时需注意线束不能和门框线束座孔擦碰，以防划伤线束橡胶外皮。

(续)

6. 1号学生将后视镜总成传递给2号学生,2号学生将其放置在规定位置。

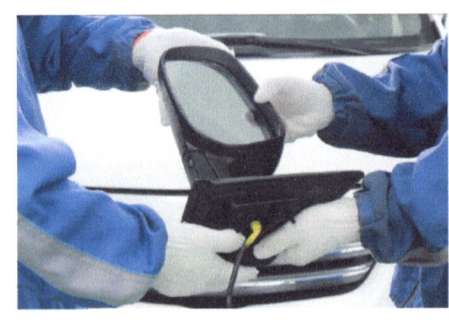

### 第六步　检查门饰板、后视镜总成

1. 1号学生检查车门内饰板总成有无损坏破裂,卡扣有无损坏变形,如有损坏,立即更换新件。

2. 1号学生检查后视镜总成有无损坏破裂,线束、插接器有无损坏破裂,后视镜玻璃是否完好,如有损坏,立即更换。

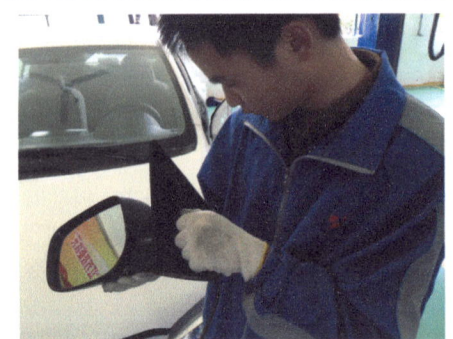

### 第七步　安装后视镜总成

1. 1号学生用手握住后视镜总成,将后视镜总成线束从门框线束座孔中穿入。

 提示:

后视镜总成线束穿入座孔前,先调整好后视镜总成的方向,然后将插接器插入座孔。

学习任务一　车门内饰板、后视镜拆装与更换工艺

（续）

2. 1号学生安装后视镜总成，将临时扣卡入门框。

 提示：

1）后视镜总成临时扣，扣入门框安装到位后，能听到"咔"的声音。
2）临时扣不能承受较大的冲击力，安装到位后，严禁扳动后视镜总成。

3. 1号学生轻轻移动后视镜总成，将螺栓孔对准，并用手将后视镜总成3只固定螺栓拧紧。

 提示：

用手拧紧固定螺栓时，如果遇到阻力，应检查螺栓和螺栓孔是否损坏。

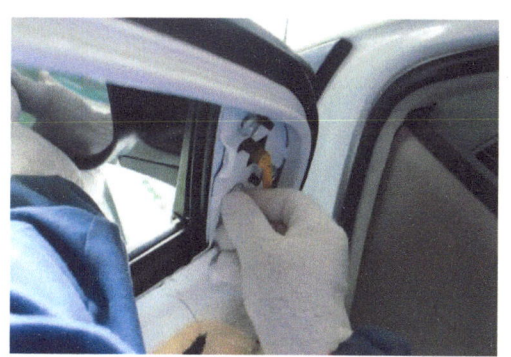

4. 2号学生将 φ10mm 套筒、接杆、棘轮扳手组装后传递给1号学生。

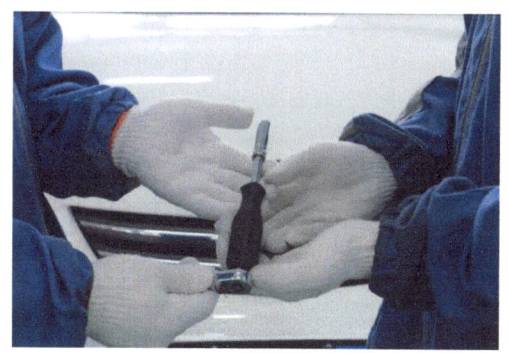

5. 1号学生使用 φ10mm 组合扳手拧紧后视镜总成3只固定螺栓。

 提示：

1）安装后视镜总成固定螺栓时，要对角均匀分次拧紧，防止损坏变形。
2）后视镜总成固定螺栓拧紧力矩为9N·m。

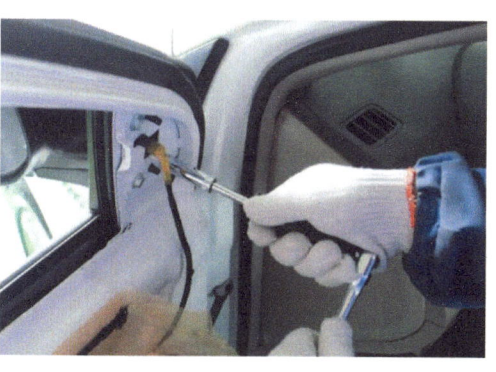

(续)

6. 1号学生连接后视镜总成线束插接器。

提示：

后视镜总成线束插接器连接到位后，能听到"咔"的声响。

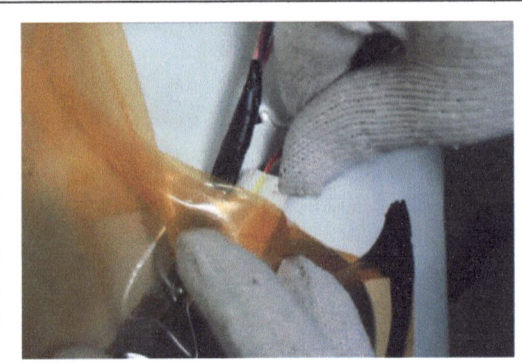

### 第八步  检查后视镜

1. 2号学生将蓄电池负极电缆临时连接到蓄电池负极桩上。

提示：

1）蓄电池通电，主要为检查后视镜总成是否正常工作。
2）1号学生检查后视镜总成工作情况，检查完毕后，2号学生重新将蓄电池负极电缆断开。

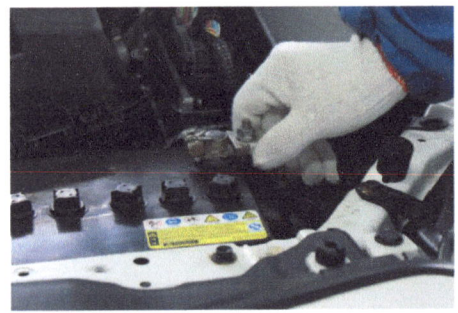

2. 1号学生进入驾驶室，将点火开关开至ON位置，然后操作后视镜控制按钮，观察后视镜是否能上下、左右正常工作。

提示：

如果后视镜总成不能正常工作，应参照维修手册，进行相关检查。

### 第九步  安装下门框支架装饰条

1. 1号学生将扬声器分总成线束插接器插入扬声器分总成插接器座孔内。

提示：

扬声器分总成线束插接器插入线束插孔，安装到位后，能听到"咔"的声响。

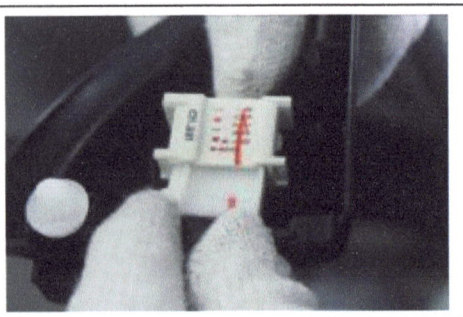

学习任务一　车门内饰板、后视镜拆装与更换工艺

（续）

2.1号学生将下门框支架装饰条固定扣对准安装孔位置，然后用手将其按入。

 提示：

下门框支架装饰条固定扣，安装到位后，能听到数下"咔"的声响。

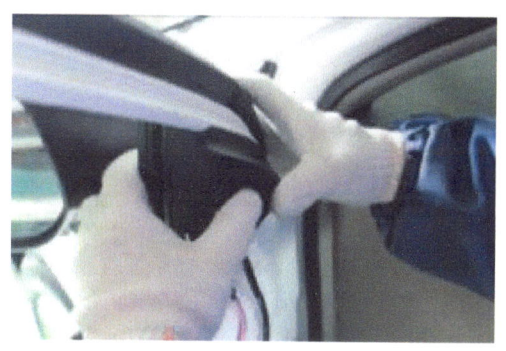

### 第十步　安装车门内饰板总成

1.1号学生将车门把手分总成与车门内侧锁止拉索连接。

 提示：

车门内侧锁止拉索有两处固定扣需要安装，先将车门内侧锁止卡索与门把手拉索分总成连接，再将塑料固定扣装好。

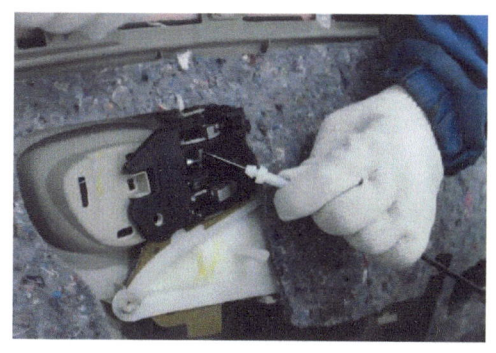

2.1号学生将门把手分总成与车门锁止遥控拉索连接。

 提示：

车门锁止遥控拉索有两处固定扣需要安装，先将车门锁止遥控与门把手拉索分总成连接，再将塑料固定扣装好。

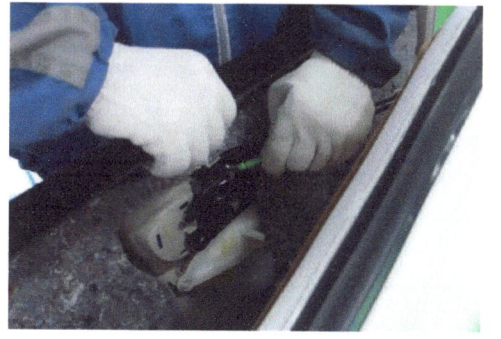

3.1号学生用手扶住车门装饰板总成，将玻璃升降器线束穿过扶手座安装孔。

 提示：

玻璃升降器的插接器不能留在车门装饰板内，防止影响玻璃升降器控制开关的安装。

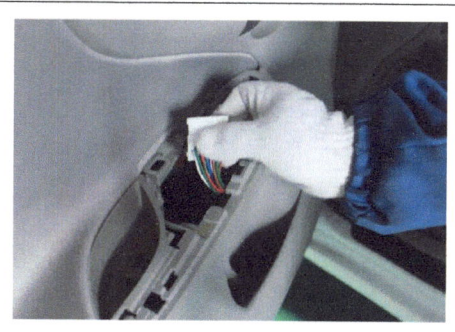

(续)

4.1号学生用手扶住车门内饰板两侧,将内侧玻璃密封条扣入车门板内侧,并轻轻用力向下按,将玻璃密封条安装到位。

💡 提示:

1)内侧玻璃密封条安装时要与车窗玻璃完全吻合。

2)安装车门内饰板时,注意玻璃升降器的插接器不能掉落到车门内饰板内。

5.1号学生将车门内饰板固定卡扣安装孔对准后,用手掌轻轻拍击,使固定卡扣与内侧板安装到位。

💡 提示:

1)固定卡扣与内侧板安装孔未对准时,严禁拍击,强行安装。防止损坏固定卡扣。

2)在拆卸过程中,固定卡扣有损坏时,必须更换新件。

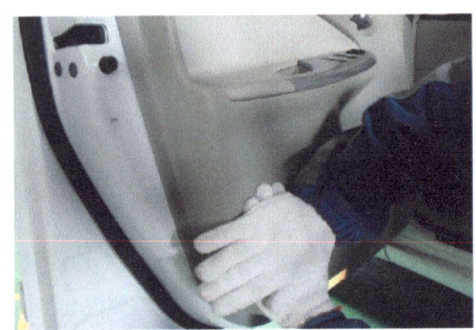

6.1号学生握住玻璃升降机控制器开关,连接玻璃升降器的插接器与控制开关。

💡 提示:

插接器与控制器开关安装到位后,可听到卡扣发出"咔"的声响。

7.2号学生再次将蓄电池负极电缆临时连接到蓄电池负极桩上。

💡 提示:

1)蓄电池通电,主要为检查玻璃升降机开关是否正常工作。

2)1号学生检查检查玻璃升降机开关工作情况,检查完毕,2号学生重新将蓄电池负极电缆断开。

## 学习任务一 车门内饰板、后视镜拆装与更换工艺

（续）

8. 1号学生操作玻璃升降器控制开关，观察车窗玻璃升降情况。

提示：

1）按动玻璃升降器控制开关，车窗玻璃能上、下升降，如不能正常工作，则需检修。
2）车窗玻璃在上、下升降过程中，要求无卡滞现象，能运行自如，如有卡滞现象，则需进行检修调整。

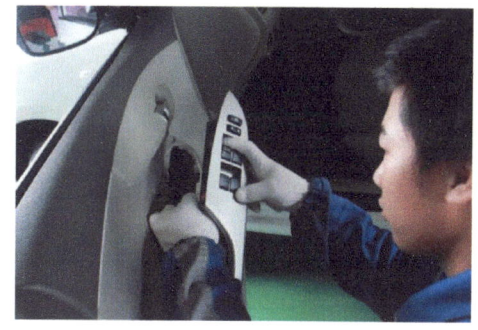

9. 1号学生将扶手座分总成装入车门内饰板扶手座孔内，并使扶手座分总成与车门内饰板完全贴合。

提示：

安装扶手座分总成，要先将塑料卡扣端部扣入扶手座安装孔，再将铁卡扣扣入。装入时，防止损坏卡扣。严禁野蛮操作。

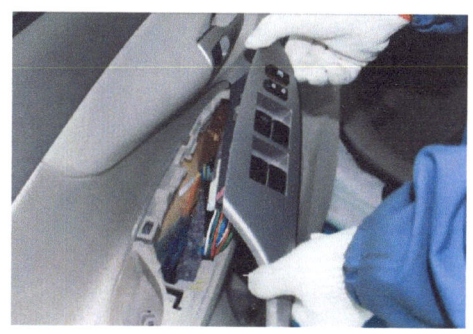

10. 1号学生使用十字旋具将闭锁器闭合。

提示：

1）闭锁器有二级锁止装置，闭合时，注意要使二级锁止装置处于闭合状态。
2）闭合闭锁器时，应注意方式方法，不能损坏周围的漆膜。

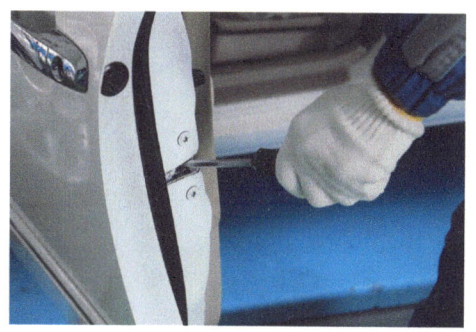

11. 1号学生拉动车门内把手，检查闭锁器能否正常开启。

提示：

观察闭锁器，闭锁器应能正常开启。如不能正常开启，要求排除故障后，再继续安装。

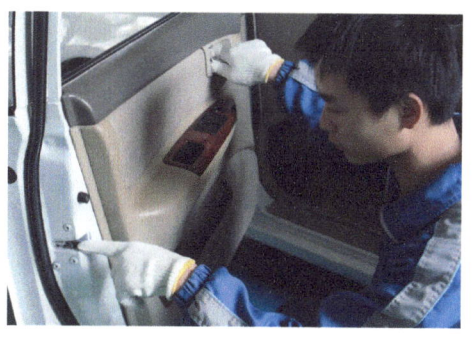

(续)

12. 1号学生使用十字旋具将闭锁器再次闭合，并将车门锁止装置闭合。

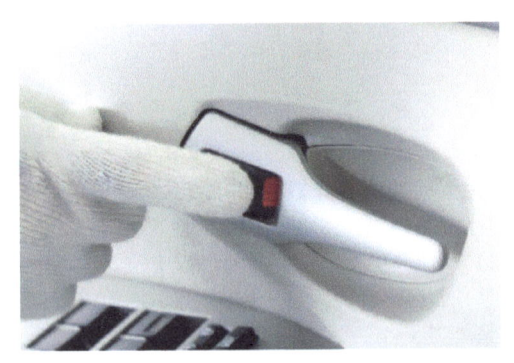

13. 1号学生拉动车门内把手，检查闭锁器能否正常开启。

 提示：

观察闭锁器，闭锁器应不能开启，表示锁止装置正常。

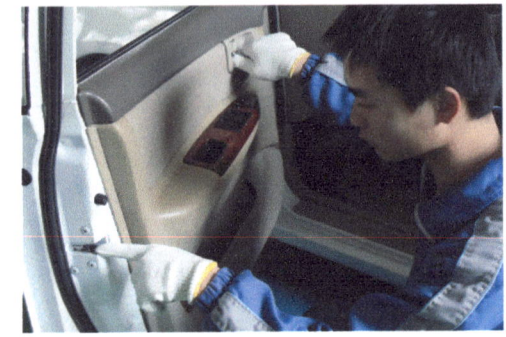

14. 1号学生使用十字旋具安装扶手座固定螺钉。

 提示：

1）使用旋具安装螺钉时，旋具与螺钉要保持垂直，防止安装过程中损坏螺钉孔。

2）安装固定螺钉，要求拧到紧即可，无力矩要求。

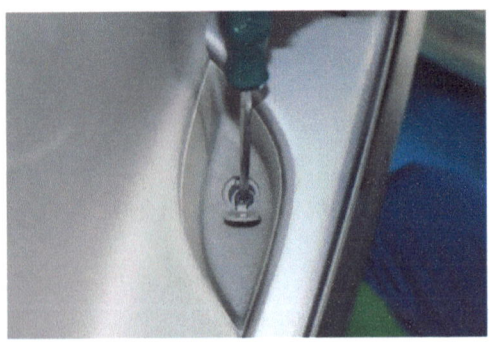

15. 1号学生使用十字旋具安装内把手固定螺钉。

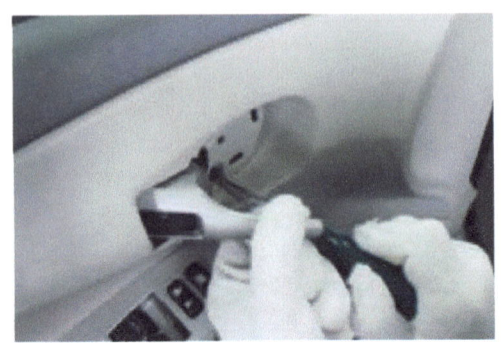

## 学习任务一　车门内饰板、后视镜拆装与更换工艺

（续）

16. 1号学生使用十字旋具将车门闭锁器闭合，再次检查车门内、外把手是否能正常开启闭锁器。

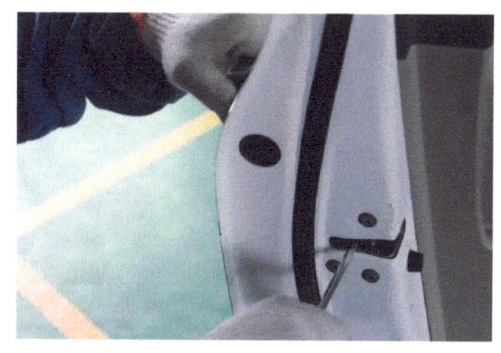

### 第十一步　清洁整理工具、工位

1. 1号学生取下室内四件套，传递给2号学生。2号学生将其放置在包装袋中。

提示：

保护罩用薄塑料制成，易破损。所以拆装时注意保护，以增加使用次数。

2. 1号学生、2号学生共同擦拭车辆、整理工具、清洁场地，处理废弃物。

提示：

作业项目完成后，要做好工位的清洁，整理和整顿工作，培养良好的工作习惯。

## 四、课后练习

1. 汽车车门内饰板由哪些部分组成？作用是什么？如何正确对其进行拆卸？

_____
_____
_____

2. 汽车后视镜的作用是什么？如果汽车没有后视镜，对其会有哪些影响？

3. 实训小结。

## 五、操作能力考核表

考核表标准（满分 100 分，时间共 20 min）

| 考核时间 | 序号 | 考核项目 | 满分 | 评分标准 | 得分 |
|---|---|---|---|---|---|
| 20min | 1 | 作业前整理工位 | 6 | 酌情扣分 | |
| | 2 | 安全防护用品的使用情况 | 4 | 操作时不戴手套扣 4 分 | |
| | | | 4 | 操作时不穿安全鞋扣 4 分 | |
| | 3 | 工具使用情况 | 2 | 未正确使用一字旋具扣 2 分 | |
| | | | 2 | 未正确使用十字旋具扣 2 分 | |
| | | | 2 | 未正确使用卡扣专用拆卸工具扣 2 分 | |
| | 4 | 拆卸蓄电池负极电缆 | 10 | 操作错误扣 10 分 | |
| | 5 | 拆卸装饰扣 | 2 | 未正确使用工具撬装饰扣扣 2 分 | |
| | 6 | 拆卸扶手座 | 2 | 未正确拆卸扶手座扣 2 分，扶手座、内饰板破损不得操作分 | |
| | 7 | 拆卸插接器 | 2 | 未正确拆卸插接器扣 2 分，插接器锁止扣破损不得操作分 | |
| | 8 | 拆卸装饰板 | 10 | 未正确拆卸装饰板扣 1 分，装饰板卡扣破损 1 个扣 1 分，扣完为止 | |
| | 9 | 拆卸拉索 | 2 | 未正确拆卸拉索扣 2 分 | |
| | 10 | 拆卸装饰条 | 2 | 未正确拆卸装饰条扣 2 分 | |
| | 11 | 拆卸后视镜 | 2 | 未正确拆卸后视镜扣 2 分 | |
| | 12 | 检查门饰板、后视镜 | 4 | 未进行检查扣 4 分 | |

## 学习任务一 车门内饰板、后视镜拆装与更换工艺

（续）

| 考核时间 | 序号 | 考核项目 | 满分 | 评分标准 | 得分 |
|---|---|---|---|---|---|
| 20min | 13 | 安装后视镜 | 2 | 未正确安装后视镜2分 | |
| | 14 | 安装装饰条 | 2 | 未正确安装装饰条2分 | |
| | 15 | 安装拉索 | 2 | 未正确安装拉索扣2分 | |
| | 16 | 安装装饰板 | 10 | 安装时，装饰板卡扣掉落1次扣1分，扣完为止。装饰板安装方法错误不得此项分 | |
| | 17 | 安装插接器 | 2 | 未正确安装插接器扣2分 | |
| | 18 | 检查玻璃升降器 | 5 | 安装好后，未进行检查扣5分 | |
| | 19 | 安装扶手座 | 2 | 未正确安装扶手座扣2分 | |
| | 20 | 安装固定螺钉 | 2 | 未正确安装固定螺钉扣2分 | |
| | 21 | 安装装饰扣 | 2 | 未正确安装装饰扣扣2分 | |
| | 22 | 检查闭锁器 | 10 | 安装完成后，未检查闭锁器工具状况扣10分 | |
| | 23 | 超过规定操作时间 | 5 | 每超时1min扣1分，扣完为止 | |
| | 24 | 遵守相关安全规定 | | 因违规操作造成人身和设备事故的，总分按0计分 | |
| | | 分数合计 | 100 | | |

# 学习任务二

## 玻璃及玻璃升降器的拆装与更换工艺

# Task 2

 学习目标

完成本学习任务后，你应当达到如下目标：

1. 知识目标
1) 理解玻璃升降器的组成、种类及作用。
2) 正确识别电动式玻璃升降器的组成零部件。

2. 能力目标
1) 正确描述汽车玻璃升降器拆装的方法和工艺流程。
2) 根据车身维修手册，安全规范的进行更换操作。
3) 会运用所学知识对不同车型、类型的玻璃升降器进行正确的更换。

3. 养成目标
1) 养成良好的协作习惯。
2) 养成正确的质量意识。

 建议学时

建议完成本学习任务的时间为14课时。

 一、知识准备

玻璃升降器是汽车车窗玻璃的升降装置，按控制形式的不同，主要分为电动玻璃升降器和手动玻璃升降器两大类。现在轿车车窗玻璃升降操作的关闭与开启，通常使用按钮式电动升降的方式，即用电动玻璃升降机操作。电动玻璃升降器按照结构特点，可分为绳轮式、叉臂式、软轴式三大类。

## 学习任务二　玻璃及玻璃升降器的拆装与更换工艺

**引导问题一**　汽车车窗玻璃升降器的功能是什么？玻璃升降器是如何分类的？

### 1. 车窗玻璃升降器的功能

汽车车窗玻璃升降器是按一定的驱动方式将汽车车窗玻璃沿玻璃导槽升起或下降，并能按要求停留在任意位置的装置，是调节车窗玻璃开度大小的专用部件。其功能具体表现在以下几个方面：

1）能灵活调整车窗玻璃开度大小、通风、防风雨。只有保证车窗玻璃平衡升降，并能顺利开启和关闭，才能满足乘坐舒适的要求。

2）车窗玻璃应能停在任意位置，既不下滑，也不会由于汽车颠簸而上下跳动。

3）锁上车门后，能防止人从车外将车窗玻璃强行拉下而进入车内。

### 2. 车窗玻璃升降器的分类

车窗玻璃升降器的种类很多，通常是按传动结构不同分类的，如图2-1所示。

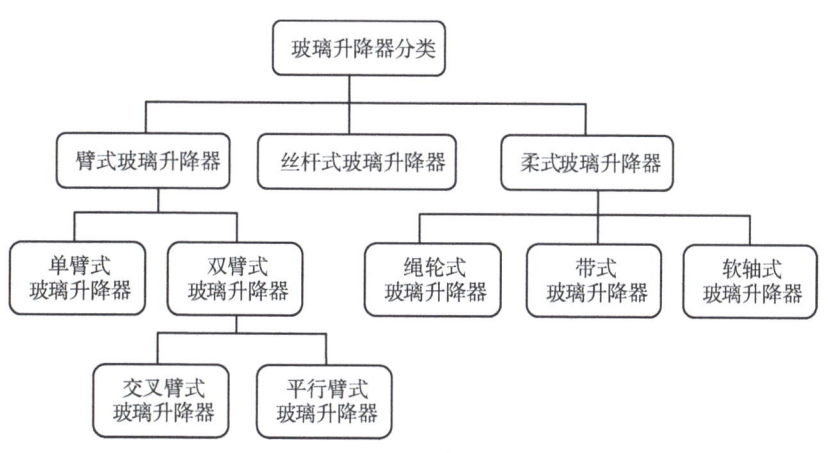

图2-1　玻璃升降器的种类

**引导问题二**　汽车车窗由哪些部件组成？汽车车窗玻璃升降由哪些部件组成？

汽车车窗主要由车身壳体上的车窗支架框架、车窗玻璃与框架的连接件嵌条、焊接件、垫块等组成。

汽车车窗玻璃升降器一般由电动机、减速器、导绳、导向板、玻璃安装托架等组成，如图2-2所示。

**引导问题三**　汽车车窗玻璃升降器的特点是什么？

现代汽车车门玻璃升降器运用较多的是臂式玻璃升降器和柔式玻璃升降器，丝杆式玻璃升降器主要用于较大车窗玻璃升降，现代汽车用得较少。

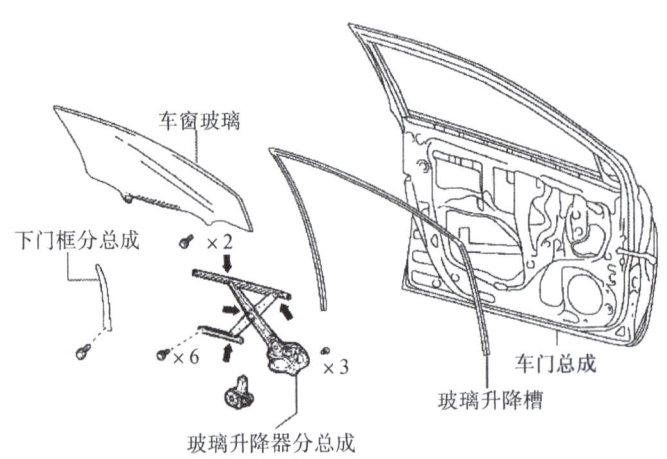

图 2-2 玻璃升降器的结构

(1) 臂式升降器的特点

臂式升降器的传动机构为齿轮、齿板啮合传动,除齿轮外其主要结构件均为板式结构,加工方便,成本低,但由于其采用悬臂式支撑结构及齿轮、齿板机构,故工作阻力较大。

(2) 柔式玻璃升降器的特点

因导绳的材料和制作工艺方式的不同,又分为绳轮式、软轴式和带式三种玻璃升降器。前两种是用钢丝绳作为导绳的,后一种是用塑料带作为导绳的。

(3) 绳轮式玻璃升降器的特点

绳轮式玻璃升降器以钢丝绳为运动软轴,依靠两个滑轮定位,通过蜗杆转动带涡轮,进而带动钢丝绳上下运动。其特点是工作可靠性好、运动平稳、噪声小、质量轻、安全方便、使用寿命长。

## 引导问题四 汽车玻璃升降器的工作原理是什么?其工作过程如何?

### 1. 玻璃升降器的工作原理

在每一个车门内设置一个可变换运转方向的直流电动机,通过转换开关,使电动机运转,经安装在电动机主轴上的蜗轮减速后,通过转筒和钢丝绳使玻璃能够在一定空间内上、下直线移动。

车窗玻璃升降器的上端与下端分别设有挡块,用张紧筒和弹簧来保持钢丝绳的一定拉力,使机构正常运行。

### 2. 玻璃升降器的工作过程

车门玻璃由止推垫圈及卡销固定在玻璃升降器的安装托架上,玻璃导向槽与钢丝绳导向板平行。起动电动机,电动机带动减速器输出动力,拉动钢丝绳移动玻璃安装托架,迫使车窗玻璃做上升或下降的直线运动。其动力传递路线:电动机→减速器→钢丝绳滚筒→玻璃托架。

## 二、技术标准与要求

1. 玻璃升降系统安装后应进行检查。玻璃从最低位置升至最高位置的时间应在7s左右。如果升降时间过慢，则应及时进行调整。
2. 检查玻璃升降电动机工作是否良好。
3. 检查玻璃升降槽里是否有灰尘，导致玻璃上升时阻力太大。
4. 不可在玻璃升降槽或玻璃上涂任何润滑脂，避免黏附灰尘。
5. 检查玻璃导轨的安装位置是否有偏差，偏差会导致玻璃上升时弧度不一致而造成玻璃卡滞现象，玻璃导轨可以通过玻璃导轨的固定螺栓进行调整。

## 实训器材

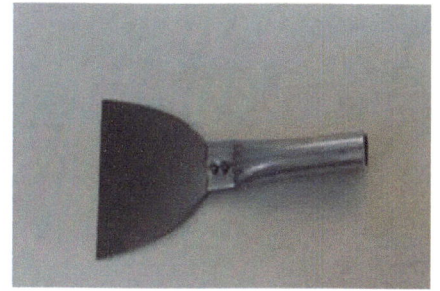

铲刀

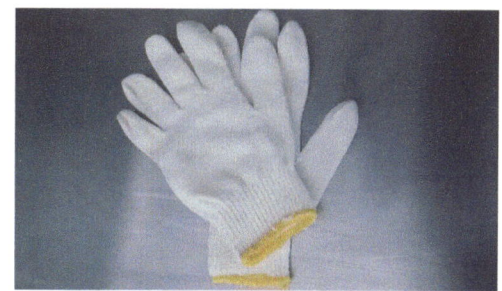

手套

## 教学组织

1. **教学组织形式**

每辆车安排4名学生参与实训，两名学生一组，一组操作，一组观察学习。

2. **学生站位分工和要求**

两名学生一组，按照1号、2号进行编号，1号为主，2号为辅助。

3. **实训教师职责**

讲解操作步骤和注意事项；下达"操作开始"口令；工位间巡视、检查、指导和纠正错误。

4. **学生职责变换**

两名学生实行职责变换制度，即第一遍1号为主，2号辅助；第二遍2号为主，1号辅助。

## 三、工艺流程

### 第一步　操作准备

1. 车辆进入工位前，参训学生将工位卫生清理干净，排除障碍物，准备好相关的工具、物品等。

提示：

培养良好的工作习惯，做好事前准备，有利于安全操作和提高工作效率。

2. 将车辆平稳停驻在工位上。

3. 1号学生打开车门，安装室内四件套。

提示：

室内四件套包括座椅套、转向盘套、变速杆套、地板垫。保证驾驶室内清洁。

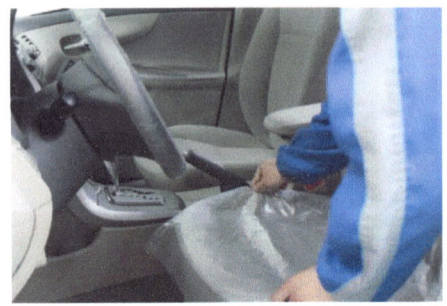

4. 1号学生将变速杆至于P位，拉紧驻车制动器。

提示：

为保证车辆在工位上的可靠停驻，防止出现溜滑，造成安全事故，因此，要拉紧驻车制动器。

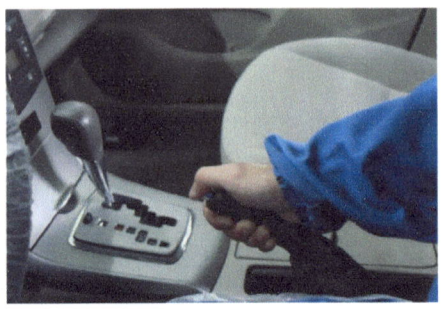

## 学习任务二　玻璃及玻璃升降器的拆装与更换工艺

（续）

5.1号学生打开发动机室盖，使用扳手将蓄电池负极电缆拆下。

 提示：

操作过程中，断开蓄电池负极电缆，以免损坏电气设备。

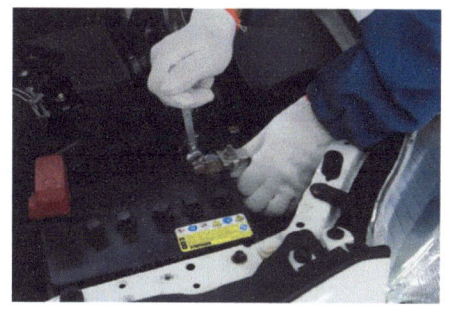

6.1号学生打开汽车驾驶室车门，并将车门完全开启。

 提示：

完全开启车门主要是为了方便操作。根据场地大小可适当调整。

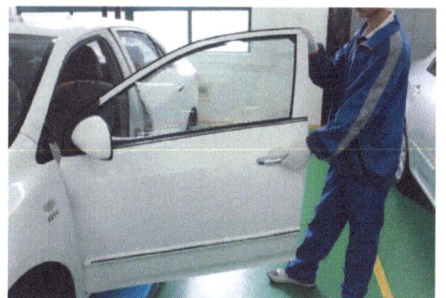

**第二步　拆卸车门内饰板（参照学习任务一）**

**第三步　拆卸后视镜总成（参照学习任务一）**

**第四步　拆卸前门检修孔盖（防水隔声保护膜）**

1.1号学生拆卸前门玻璃内密封条。

 提示：

拆卸前门玻璃内密封条时，动作要轻，防止损坏漆膜。

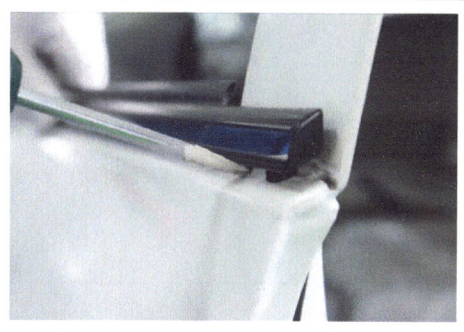

2.2号学生将 $\phi$10mm 套筒、接杆、棘轮扳手组合后传递给1号学生。

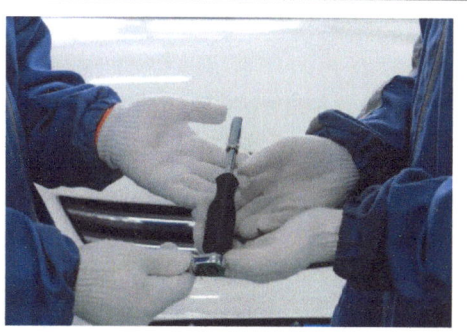

(续)

3. 1号学生拆下两个螺钉和车门内饰板支架。

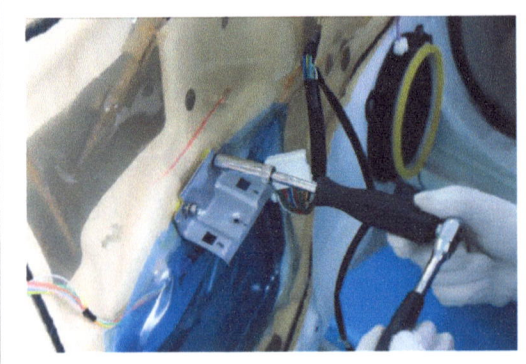

4. 1号学生断开插接器。

 提示：

一般情况下，用手松开线速插接器即可。但如果线速插接器过紧，则可用一字旋具顶住插接器卡扣，将插接器与控制器分开。

5. 1号学生使用铲刀（或胶水切割刀）将丁基胶带割开，使前门检修孔盖与车门内板分离。

 提示：

1）使用铲刀（或胶水切割刀）将前门检修孔盖与车门内板完全分离，注意不能损坏漆膜。

2）分离前门检修孔盖时，应防止将前门检修孔盖撕破，影响再次使用效果。

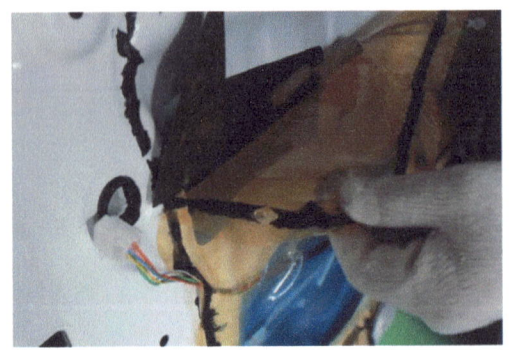

6. 1号学生将前门锁止遥控拉索、前门内侧锁止拉索和升降器开关总成插接器从前门检修孔盖中抽出。

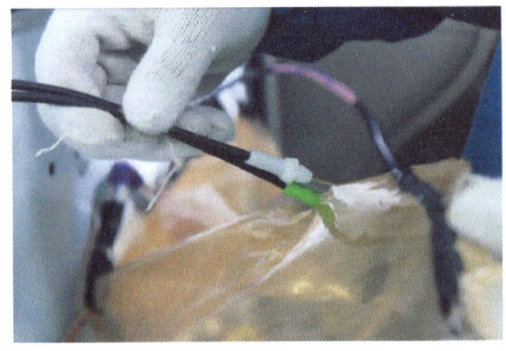

## 学习任务二　玻璃及玻璃升降器的拆装与更换工艺

### 第五步　拆卸车窗玻璃

1. 2号学生将蓄电池负极电缆临时连接到蓄电池负极桩上。

提示：

蓄电池通电，主要为调整前门车窗玻璃位置，以便拆卸。调整完毕后，2号学生将蓄电池负极电缆重新拆下。

2. 1号学生连接电动车窗升降器主开关总成，并操作开关，移动前门玻璃，以便能清楚看到前门玻璃固定螺栓。结束后重新断开电动车窗升降器主开关总成插接器。

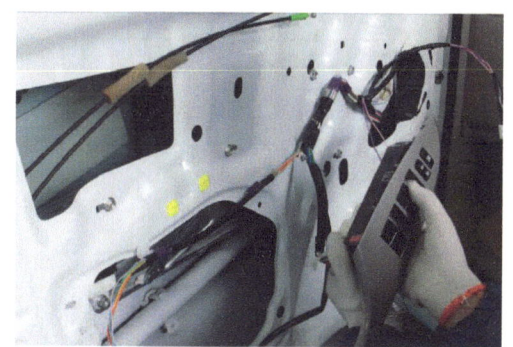

3. 2号学生将φ10mm套筒、接杆、棘轮扳手组合后传递给1号学生。

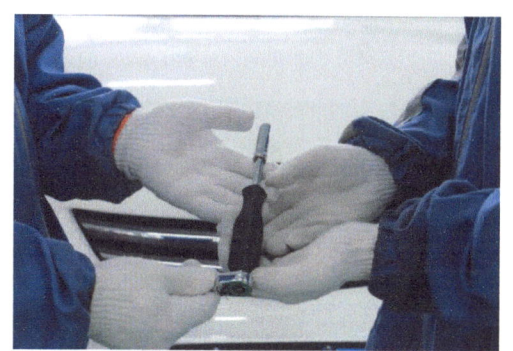

4. 1号学生使用φ10mm组合扳手拆卸前门车窗玻璃的2颗固定螺栓。

提示：

拆卸时，1号学生一手扶住前门车窗玻璃，防止其掉落，造成损坏。

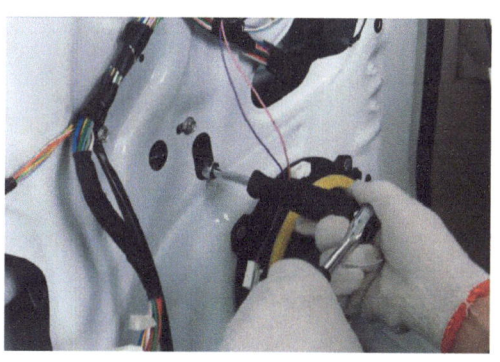

（续）

5.1号学生将前门车窗玻璃从门框中取出。

提示：

1）取出前门车窗玻璃时，应将玻璃如图中所示倾斜取出。

2）门车窗玻璃取下后，要放在软质的平垫上，防止破损。

### 第六步　拆卸前门窗玻璃升降器

1.1号学生使用一字旋具，顶住前门窗升降器插接器卡扣，并拔出插接器。

提示：

拆卸前门窗升降器插接器时，要使卡扣安全分离，才能拔出。严禁硬拉硬拔，以防止损坏线束和插接器。

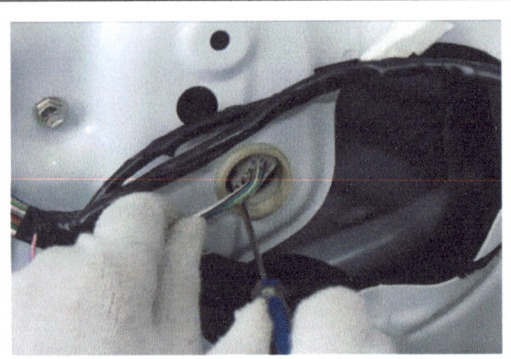

2.2号学生将 $\phi$10mm 套筒、接杆、棘轮扳手组合后传递给1号学生。

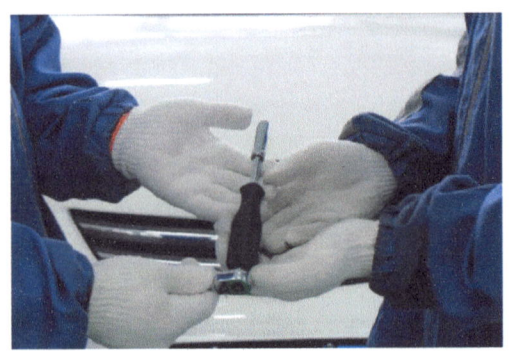

3.1号学生使用 $\phi$10mm 组合扳手拧松前门窗升降器的临时螺栓。

提示：

注意：不能将临时螺栓取下。如果拆下临时螺栓，前门窗升降器就可能会掉落，造成损坏。

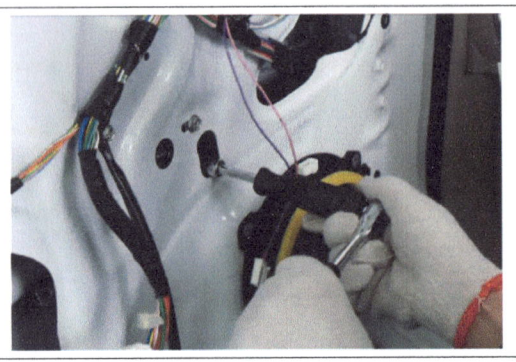

学习任务二　玻璃及玻璃升降器的拆装与更换工艺

（续）

4.1号学生使用φ10mm组合扳手依次拆下玻璃升降器5个固定螺栓。

提示：
拆卸过程中，应遵守对角拆卸方法进行操作。

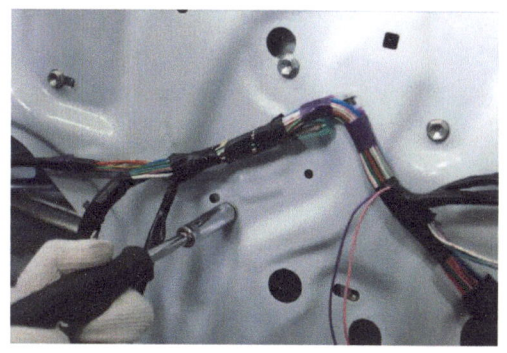

5.1号学生将前门窗升降器总成和前电动车窗升降器电动机总成作为一个单元从车门框中取出。

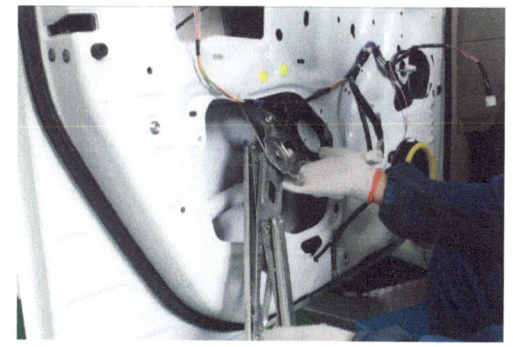

6.1号学生将前门窗升降器总成传递给2号学生，2号学生将其放置规定位置。

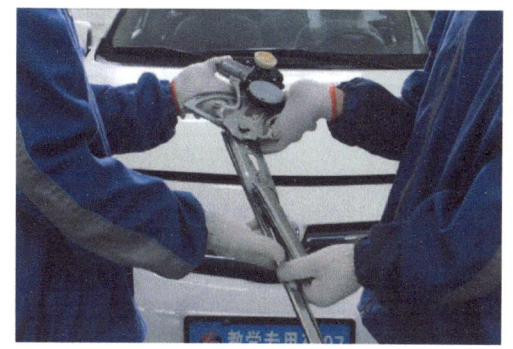

### 第七步　安装前门窗玻璃升降器

1.1号学生将前门窗升降器总成和前电动车窗降器电动机总成作为一个单元放入车门框内中，将临时螺栓装回定位孔中。

提示：
安装前将通用润滑脂涂抹在前门窗升降器分总成的滑动部件上。

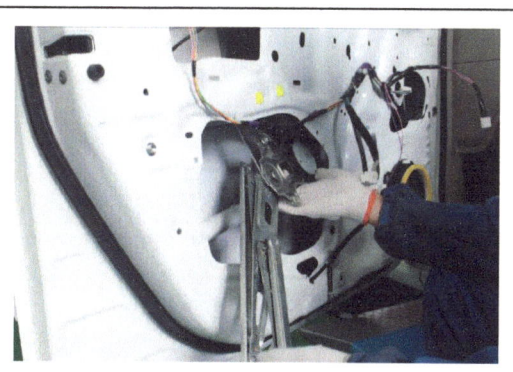

(续)

2. 1号学生用手安装前门窗升降器5个固定螺栓。

 提示：

用手拧入固定螺栓时，如果遇到阻力，应检查螺栓和螺栓孔是否损伤。

3. 2号学生将 $\phi$10mm 套筒、接杆、扭力扳手组合后传递给1号学生。

4. 1号学生使用 $\phi$10mm 组合扳手拧紧临时螺栓和5只固定螺栓。

 提示：

1）拧紧前门窗升降器固定螺栓时，要交叉均匀地依次拧紧，防止车门框变形。
2）固定螺栓拧紧力矩为 8N·m。

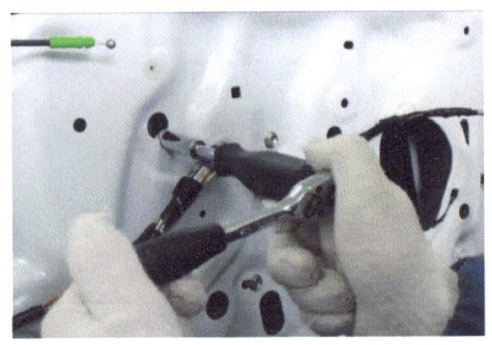

5. 1号学生将前门窗升降器插接器安装到升降器电动机孔内。

 提示：

1）前门窗升降器插接器有正反方向，安装时应注意插接器方向。
2）插接器安装到位后，能听到"咔"的声响。

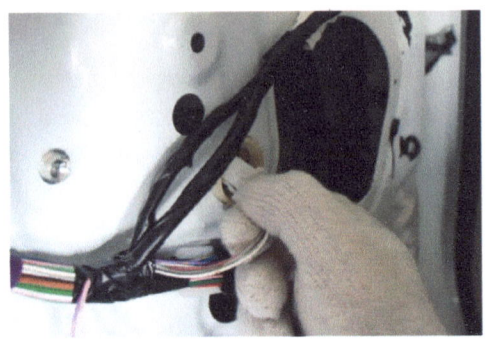

## 学习任务二 玻璃及玻璃升降器的拆装与更换工艺

(续)

6. 2号学生将蓄电池负极电缆临时连接到蓄电池负极桩上。

提示：

1）蓄电池通电，主要为检查前门窗升降器是否能正常运行。
2）1号学生检查完前门窗升降器运行情况后，2号学生重新将蓄电池负极电缆断开。

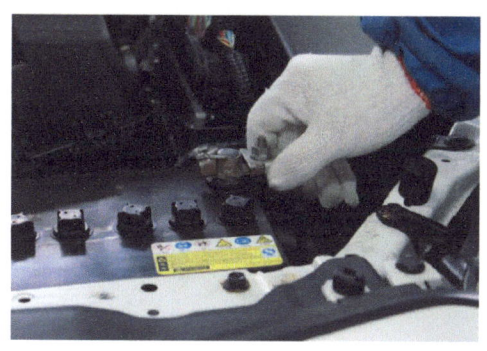

7. 1号学生将前门窗升降器插接器与车窗升降器主开关总成控制开关总成连接，按动开关，检查前门窗升降器上下运行情况。

提示：

1）前门窗升降器插接器有正反方向，安装时应注意插接器方向。
2）插接器安装到位后，能听到"咔"的声响。
3）如果不能正常运行，应参照维修手册，进行相关检查。

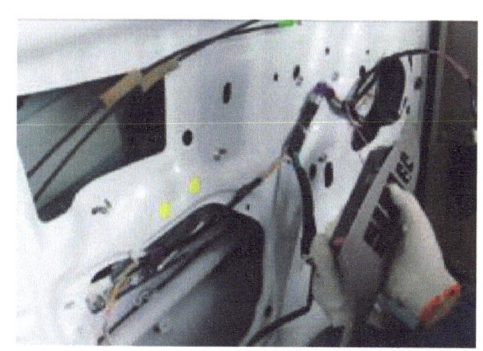

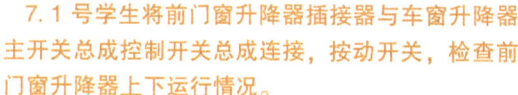
### 第八步　安装车窗玻璃

1. 1号学生站在车门内侧，一只手握车窗玻璃上方，另一只手在车门内托住车窗玻璃下方，将车窗玻璃如右图所示倾斜放入车门内。

提示：

1）车窗玻璃有正反方向，不能反向装入。
2）安装车窗玻璃时动作要轻，防止玻璃破裂。

2. 1号学生用手将前门车窗玻璃两个固定螺栓带入螺纹孔内，并用φ10mm组合扳手将其拧紧。

提示：

固定螺栓拧紧力矩为8N·m。

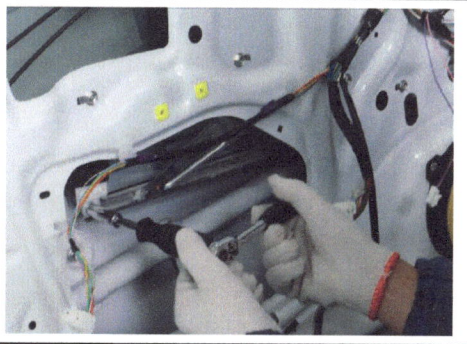

### 第九步　安装前门检修孔盖（防水隔声保护膜）

1. 将车门锁止遥控拉锁和内侧锁止拉锁穿过前门检修孔盖。

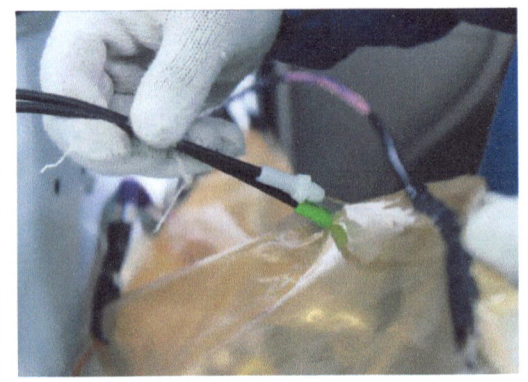

2. 使用车门上的参照点，连接前门检修孔盖。

 提示：
牢靠固定前门检修孔盖，避免出现褶皱和气泡。

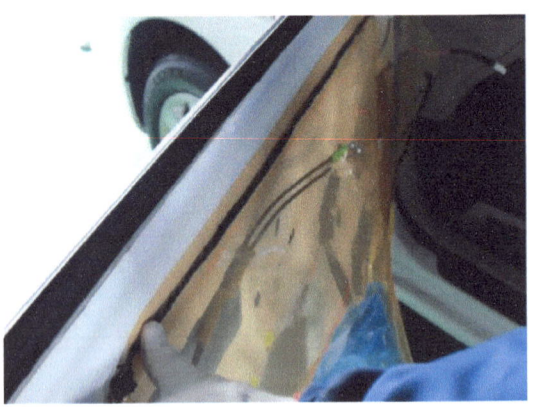

3. 连接车窗玻璃升降器插接器。

### 第十步　安装后视镜总成并检查（参照学习任务一）
### 第十一步　安装车门装饰板总成（参照学习任务一）

学习任务二　玻璃及玻璃升降器的拆装与更换工艺

### 第十二步　清洁整理工具、工位

1. 1号学生取下室内四件套，传递给2号学生。2号学生将其放置在包装袋中。

提示：

保护罩是用薄塑料制成的，易破损，所以拆装时应注意保护，以增加使用次数。

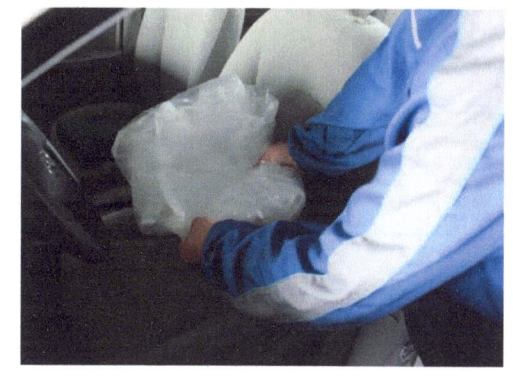

2. 1号学生、2号学生共同擦拭车辆、整理工具、清洁场地，处理废弃物。

提示：

作业项目完成后，要做好工位的清洁、整理和整顿工作，培养良好的工作习惯。

## 四、课后练习

1. 汽车玻璃升降器由哪几部分组成？作用是什么？其特点是什么？

2. 简述汽车玻璃升降器的工作原理。

3. 实训小结。

## 五、操作能力考核表

考核表标准（满分100分，时间共20 min）

| 考核时间 | 序号 | 考核项目 | 满分 | 评分标准 | 得分 |
|---|---|---|---|---|---|
| 20min | 1 | 作业前整理工位 | 6 | 酌情扣分 | |
| | 2 | 安全防护用品的使用情况 | 4 | 操作时不戴手套扣4分 | |
| | | | 4 | 操作时不穿安全鞋扣4分 | |
| | 3 | 工具使用情况 | 2 | 未正确使用一字旋具扣2分 | |
| | | | 2 | 未正确使用棘轮扳手，套筒，接杆工具拆卸扣2分 | |
| | 4 | 拆卸蓄电池负极电缆 | 10 | 操作错误扣10分 | |
| | 5 | 拆卸车门内饰板 | 6 | 未正确拆卸车门内饰板扣2分 | |
| | 6 | 拆卸后视镜 | 6 | 未正确拆卸后视镜扣6分 | |
| | 7 | 拆卸玻璃内密封条 | 2 | 未正确拆卸玻璃内密封条扣2分 | |
| | 8 | 拆卸内饰板支架 | 4 | 未正确拆卸内饰板支架扣4分 | |
| | 9 | 拆卸插接器 | 2 | 未正确拆卸扣2分 | |
| | 10 | 拆卸5个固定螺栓 | 2 | 未正确拆卸固定螺栓扣2分 | |
| | 11 | 拆卸玻璃升降器总成 | 5 | 未正确拆卸玻璃升降器总成扣5分 | |
| | 12 | 安装玻璃升降器总成 | 5 | 未正确安装玻璃升降器总成扣5分 | |
| | 13 | 安装5个固定螺栓 | 2 | 未正确安装固定螺栓扣2分 | |
| | 14 | 安装插接器 | 5 | 未正确安装插接器扣5分 | |
| | 15 | 安装内饰板支架 | 5 | 未正确安装内饰板支架扣5分 | |
| | 16 | 安装玻璃内密封条 | 4 | 未正确安装玻璃内密封条扣4分 | |
| | 17 | 安装车门内饰板 | 5 | 未正确安装车门内饰板扣5分 | |
| | 18 | 安装后视镜 | 4 | 未正确安装后视镜扣4分 | |
| | 19 | 检查玻璃升降器工作情况 | 10 | 安装完成后，未检查玻璃升降器工作状况扣10分 | |
| | 20 | 超过规定操作时间 | 5 | 每超时1min扣1分，扣完为止 | |
| | 21 | 遵守相关安全规定 | | 因违规操作造成人身和设备事故的，总分按0计分 | |
| | | 分数合计 | 100 | | |

# 学习任务三

## 门锁机构的拆装与更换工艺

## Task 3

 学习目标

完成本学习任务后,你应当达到如下目标:

1. 知识目标

1) 理解汽车门锁机构总成的作用及其分类。
2) 正确识别汽车门锁机构的组成零部件。

2. 能力目标

1) 规范使用门锁机构拆装工具。
2) 根据车身维修手册,安全、规范地进行更换操作。
3) 会运用所学知识对不同类型的汽车门锁机构总成进行正确的更换。

3. 养成目标

1) 养成工作中良好的着装习惯。
2) 养成工作中良好的卫生习惯。

 建议学时

建议完成本学习任务的时间为 14 课时。

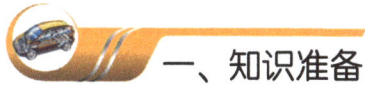 一、知识准备

汽车车门都带有门锁机构,防止汽车在行驶中车门打开,而且门锁机构必须十分牢固,在发生碰撞的时候不会因车身和车门的变形使车门轻易打开。在关闭车门时,由安装在车身上的车门锁扣和车门锁的锁闩咬合后锁死。

锁闩机构带有接受锁扣的锁钩,锁钩旋转后便牢牢咬住锁扣。同时,锁钩被棘轮止动,只要不操作放开锁钩,车门就不会开启。

车内的内把手分总成或车外的外把手总成是靠连杆或拉索连接的,可进行远距离操作。

拉动拉手时，锁闩机构的锁钩退出，车门打开。操作时车内的锁止机构可将车门锁死，拉动车内或车外把手都不会解除门锁。

### 引导问题一　汽车门锁机构由哪些部件组成？汽车门锁是如何分类的？

#### 1. 汽车门锁机构的组成

汽车门锁机构总成，主要由门锁总成、控制机构、内把手分总成、内侧锁止拉索总成、锁止遥控拉索总成等组成，如图3-1所示。

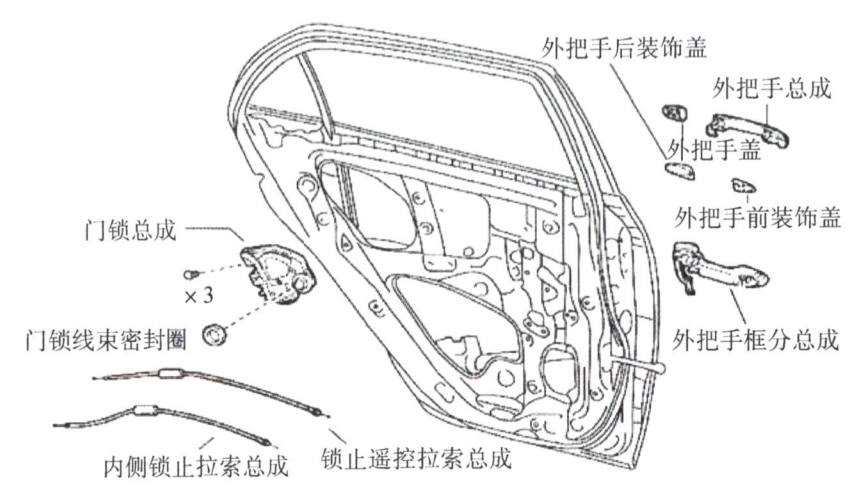

图3-1　汽车车门锁的结构

#### 2. 车门锁的分类

汽车门锁的种类很多，车门锁的分类如图3-2所示。

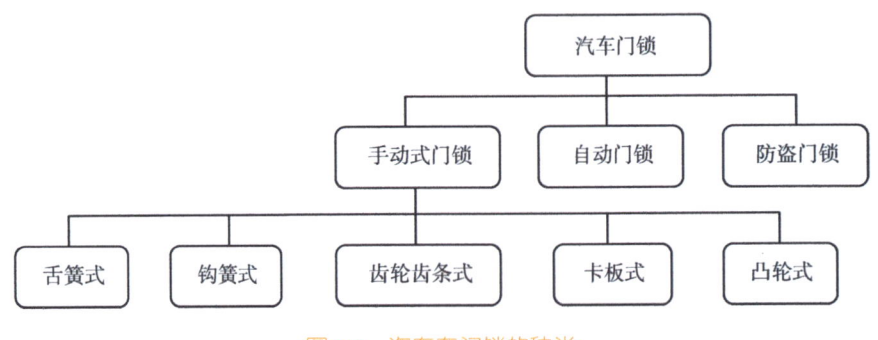

图3-2　汽车车门锁的种类

### 引导问题二　汽车门锁机构的作用是什么？

车门锁是汽车车身重要的、使用最频繁的专用保安部件。它一方面直接关系到汽车行驶时乘客的安全，另一方面也是汽车的防盗安全装置，具体表现在以下几个方面：

1）车门锁止装置具有对车门导向、定位和防振的能力。

## 学习任务三　门锁机构的拆装与更换工艺

2）车门锁具有两个档位的锁紧位置——全锁紧档和半锁紧档。半锁紧档的作用：汽车行驶中，如果车门松动，从工作位置脱开，半锁紧档仍能起到使车门关闭的保险作用，由此产生的松旷声，或者专设的车门安全指示信号能及时提醒驾驶人或乘客注意安全，并将车门重新锁闭。

为保证安全，车门锁还具有可靠的安全锁止机构，当按下锁止按钮或外手柄处于锁止状态时，扣动车门内、外手柄不能打开车门。在车外只有使用钥匙，或者在车内先拉起锁止按钮才能打开车门。

3）汽车高速行驶时，为防止儿童误动车内手柄意外事故发生，在后门锁内有儿童安全锁止机构。当起动了儿童安全锁止机构后，后车门是无法从车内开启的。现在许多新车还配备了自动落锁功能，只要行车速度超过10km/h，中控锁就会自动起动，将所有车门锁闭。主要是为防止车外不法分子恶意开启车门来进行安全防范的，在某种情况下，也可以起到保护儿童的作用。

### 引导问题三　车门锁的安装位置在哪？

如图3-3所示，汽车车门锁芯安装在汽车门拉手后方；汽车车门锁块安装在车门的侧面，由3个螺栓固定。

图3-3　汽车车门锁芯、锁块的安装位置

### 小提示

当后车门儿童安全锁闩处于底部位置时，从车内是无法打开后车门的。这时应先使中央门锁解除后再从车外将门打开，该装置与电动中央门锁系统无关，如图3-4所示。

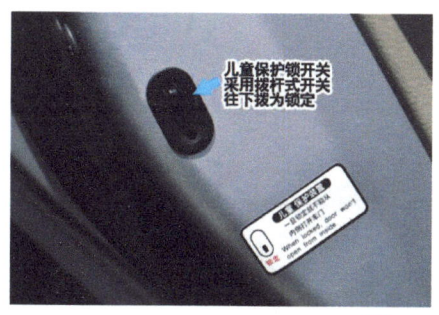 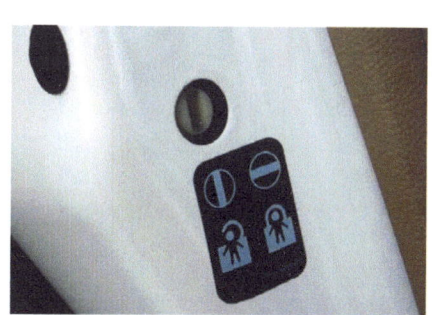

图3-4　儿童保护锁

### 引导问题四 汽车锁止机构的工作原理是怎么样的?

工作时,利用锁体上的卡板和门锁扣的脱开与啮合来实现车门的开闭。当车门关闭时,固定在门框上的门锁扣与锁体上的卡板相互撞击,门锁扣推动卡板绕卡板主轴旋转,卡板弹簧被压缩,同时卡板的旋转带动棘爪转动,使棘爪弹簧被拉伸,呈锁止状态(图3-5),在不扣动门内、外手柄时,车门始终处于关闭状态;当扣动门内或门外手柄时,外力推开棘爪,卡板与棘爪在各自弹簧恢复力作用下脱开,呈解锁状态。锁门时,按下遥控器上的车门锁止键(或用车钥匙顺时针转动锁芯)时,中央门锁控制器接收到门锁的信号后会进行解码,如果代码正确,就将代码输入控制电路并使驱动器工作,从而带动连接装置断开与外拉手柄的连接,车门锁止。

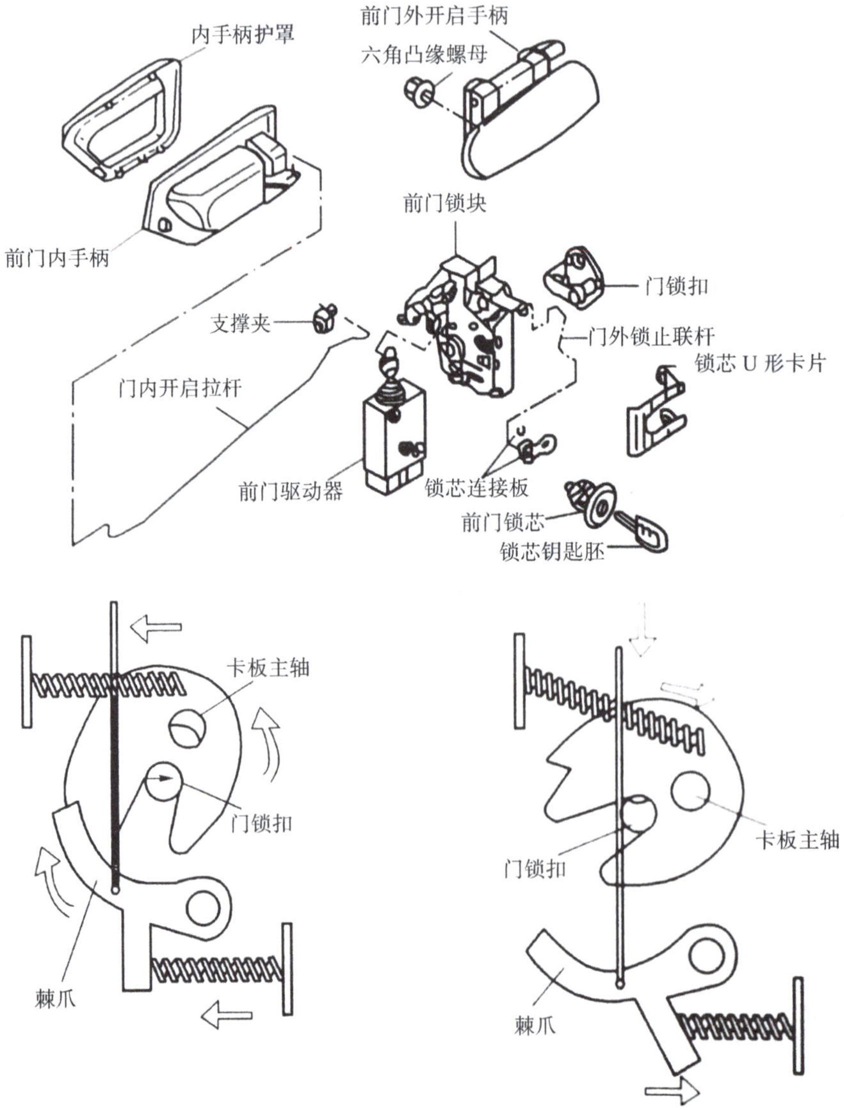

a) 卡板在车门关闭力作用下呈锁定状态  b) 在弹簧复原力作用下呈解锁状态

图3-5 汽车车门锁止结构、工作原理示意图

## 学习任务三 门锁机构的拆装与更换工艺

### 引导问题五  现代工艺对车门锁的要求有哪些？

对车门锁在操作性、安全性、可靠性、装饰性等方面有如下要求：

1）操作性：要求在车门内外均由灵活、方便、可靠地将车门锁紧或打开。要求门锁装置具有对车门的导向、定位和防振的能力。

2）安全性：要求车门锁具有两个档位的锁紧位置——全锁紧档和半锁紧档。

3）可靠性：当车门处于正常全锁紧状态时，除非转动或拉动车门手柄或操作按钮，否则不能使汽车在行驶时因碰撞、振动或其他外力而使车门打开，并且门锁部件应具有足够的耐磨性。

4）装饰性：车门锁的一部分结构装配在车身构件的夹壁内，还有一部分必须装配在车身的内、外表面上，这就要求车门锁的外形应美观、大方，与本身的造型和谐一致，表面质量也要满足装饰性和频繁使用的要求。

## 二、技术标准与要求

1. 参训学员必须穿戴必要的劳保用品，以免发生意外事故。
2. 拆装过程中，必须断开蓄电池电缆，以免损坏电气设备。
3. 使用一字旋具拆卸一些装饰件时应注意保护面漆。
4. 如果没有将门外把手框分总成的分离板拉出固定住，则分离板可能干扰门外把手总成，且拆下门外把手总成时可能将其损坏。
5. 拆装过程中，尽量避免门锁总成与拉锁总成分解，应将其一体拆装。
6. 门锁总成拆装过后，必须检查门锁总成的工作情况，防止直接关闭车门后不能开启。

## 实训器材

世达工具组套

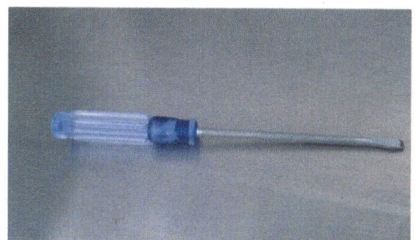
小一字旋具

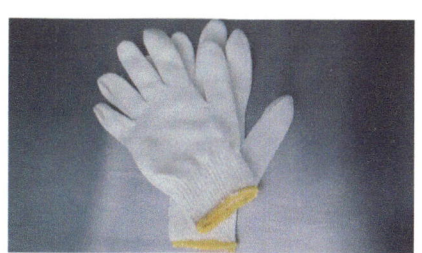
手套

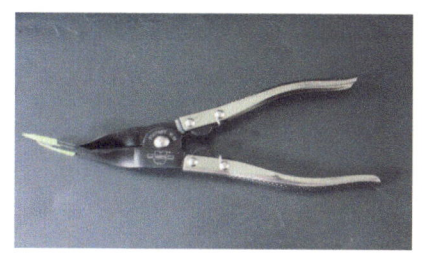
门饰板拆卸分离器

## 教学组织

**1. 教学组织形式**

每辆车安排4名学生参与实训,两名学生一组,一组操作,一组观察学习。

**2. 学生站位分工和要求**

两名学生一组,按照1号、2号进行编号,1号为主,2号为辅助。

**3. 实训教师职责**

讲解操作步骤和注意事项;下达"操作开始"口令;工位间巡视、检查、指导和纠正错误。

**4. 学生职责变换**

两名学生实行职责变换制度,即第一遍1号为主,2号辅助;第二遍2号为主,1号辅助。

## 三、工艺流程

### 第一步 操作准备

1. 车辆进入工位前,参训学生将工位卫生清理干净,排除障碍物,准备好相关的工具、物品等。

💡 **提示:**

培养良好的工作习惯,做好事前准备,有利于安全操作和提高工作效率。

2. 将车辆平稳停驻在工位上。

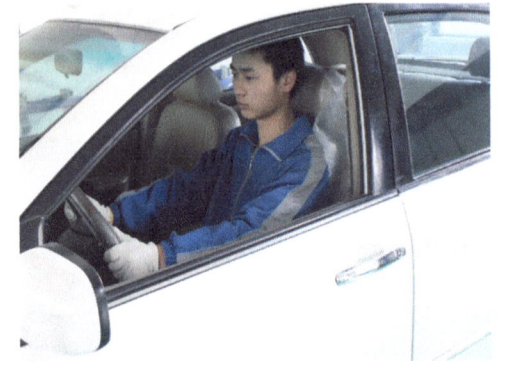

学习任务三　门锁机构的拆装与更换工艺

(续)

3.1号学生打开车门，安装室内四件套。

提示：

室内四件套包括座椅套、转向盘套、变速杆套、地板垫。保证驾驶室内清洁。

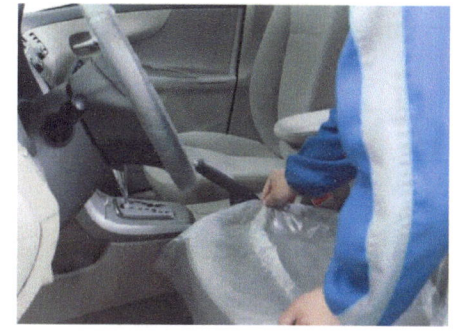

4.1号学生将变速杆至于P位，拉紧驻车制动器。

提示：

为保证车辆在工位上的可靠停驻，防止出现溜滑，造成安全事故，要拉紧驻车制动器。

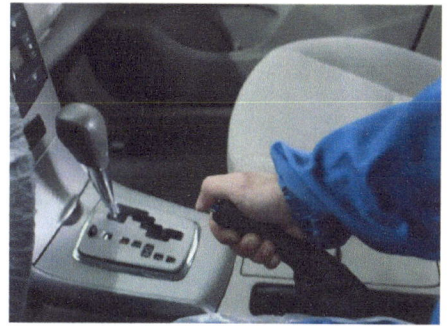

5.1号学生打开机发动机室盖，使用扳手将蓄电池负极电缆拆下。

提示：

操作过程中，断开蓄电池负极电缆，以免损坏电气设备。

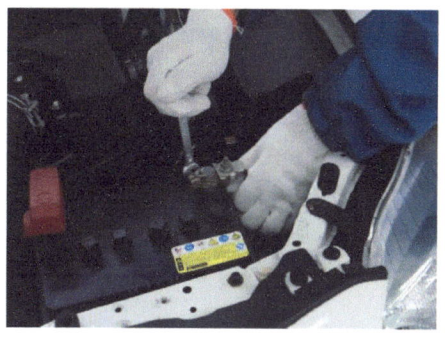

6.1号学生打开汽车驾驶室车门，并将车门完全开启。

提示：

完全开启车门主要是为了方便操作。根据场地大小可适当调整。

### 第二步 拆卸前门外把手总成、车门锁芯

1. 2号学生将一字旋具传递个1号学生。

提示：

一字旋具主要用于撬开各塑料盖，避免塑料表层损伤。

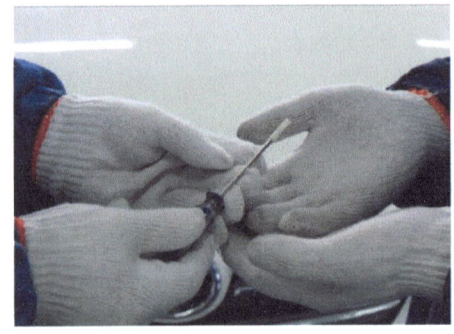

2. 1号学生使用一字旋具拆下防水塞孔。

提示：

拆卸过程中应注意避免损坏周围面漆。

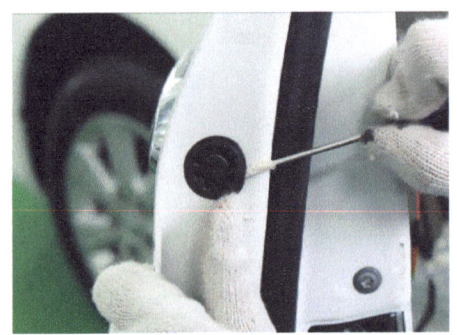

3. 2号学生将梅花套筒扳手组装好后传递给1号学生。

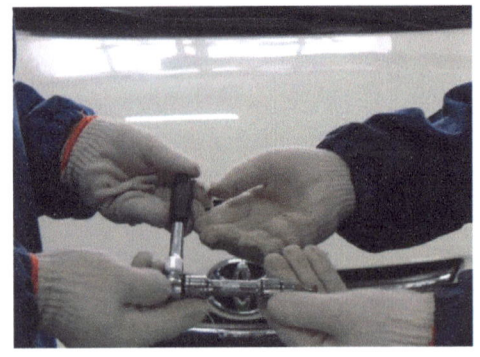

4. 1号学生使用梅花套筒扳手松开螺钉。

提示：

1）固定螺栓为内花键式，拆卸时应注意使梅花套筒扳手与螺栓花键完全结合，再施加扭力拧松，防止损坏花键。

2）由于螺钉与前门外把手框分总成集成为一体，不能将其单独拆下。

学习任务三 门锁机构的拆装与更换工艺

(续)

5. 1号学生将前门外把手盖和车门锁芯作为一个单元拆下。

 提示：

拆卸锁芯过程中，如若遇到较大阻力，可上下略微晃动，不可野蛮操作。

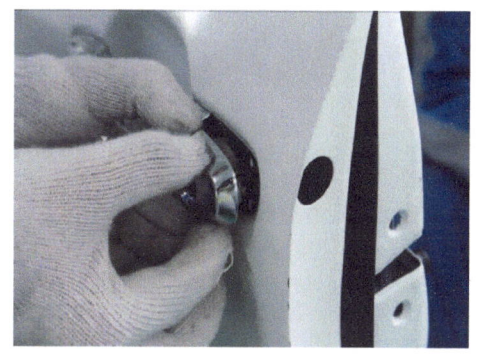

6. 1号学生将前门外把手盖和车门锁芯作为一个单元传递给2号学生，2号学生将其放置在规定位置。

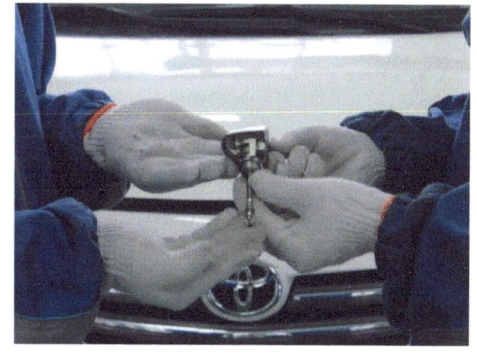

7. 1号学生将前门外把手总成向外把手装饰盖方向轻轻拉动，然后向外取出。

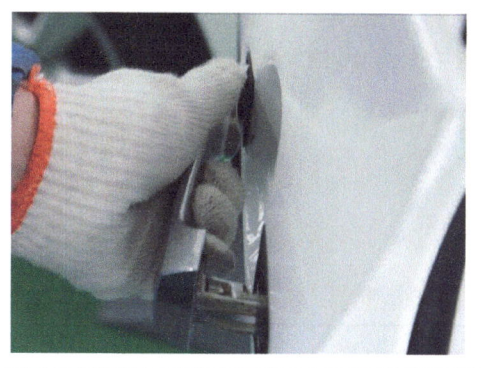

8. 1号学生将前门外把手总成传递给2号学生，2号学生将其放置规定位置。

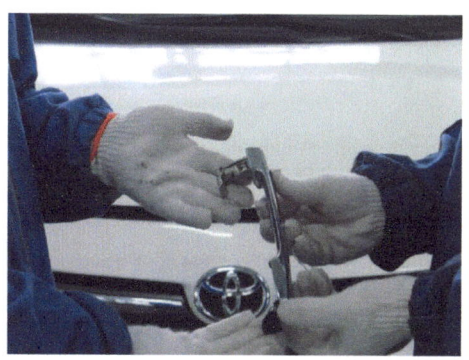

(续)

9. 1号学生取下外把手分总成密封垫和外把手前装饰密封垫。

提示：

1）密封垫固定有前后两个卡扣爪扣于车门外板孔内，拆卸时应注意用力要适当，防止损坏。

2）密封垫是在外把手总成固定时起密封作用的。

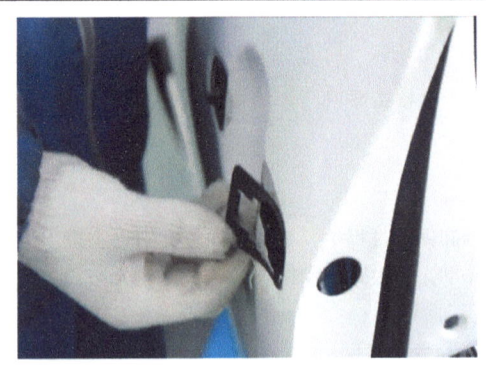

10. 1号学生将密封垫传递给2号学生，2号学生将其规定放置。

**第三步　拆卸车门装饰板（参照学习单元一）**

**第四步　拆卸防水隔声膜（参照学习单元二）**

**第五步　拆卸车窗玻璃（参照学习单元二）**

**第六步　拆卸玻璃升降器（参照学习单元二）**

**第七步　拆卸车门锁块总成**

1. 2号学生将 φ10mm 套筒、接杆、棘轮扳手组合后传递给1号学生。

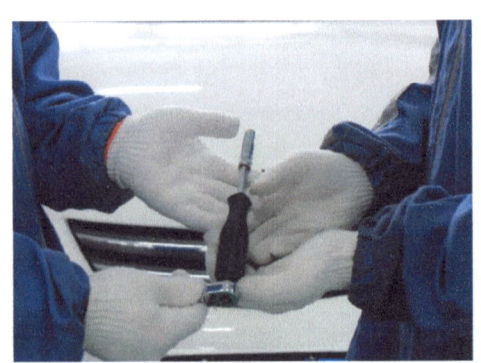

学习任务三　门锁机构的拆装与更换工艺

（续）

| | |
|---|---|
| 2. 1号学生使用组合扳手拆卸前门后下门框分总成。 | 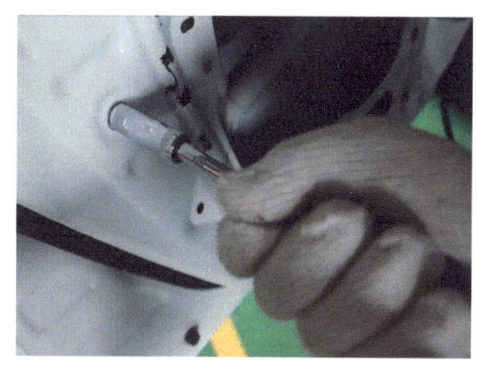 |
| 3. 2号学生将梅花套筒扳手组装好后传递给1号学生。 | 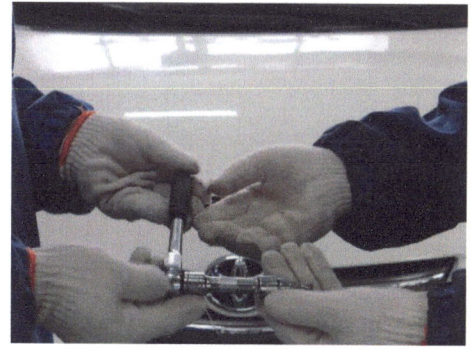 |
| 4. 1号学生使用梅花套筒扳手，拧松门锁机构总成与车门框的3只固定螺栓，并将其取下。<br>提示：<br>　1）固定螺栓为内花键式，拆卸时，主要要使梅花套筒与螺栓花键完全结合，再施加扭力拧松，防止损坏花键。<br>　2）拆卸门锁机构总成固定螺栓时，主要要交叉均匀的分次拧松，防止变形。 |  |
| 5. 1号学生向下滑动前门门锁总成，将前门门锁总成和拉锁作为一个单元拆下。 | 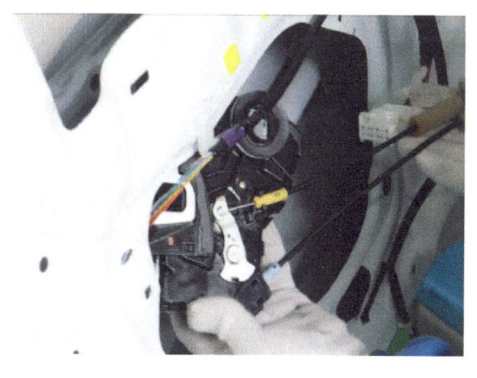 |

（续）

6. 1号学生将前门门锁总成传递给2号学生,2号学生将其放置在规定位置。

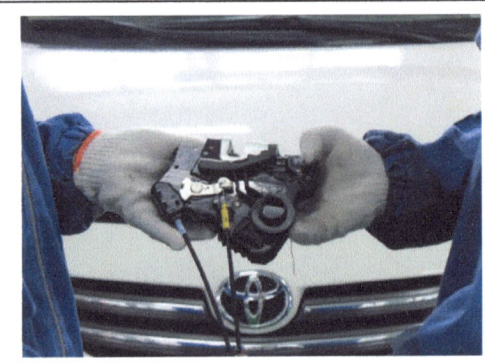

### 第八步　安装门锁总成

1. 2号学生将前门门锁总成传递给1号学生。

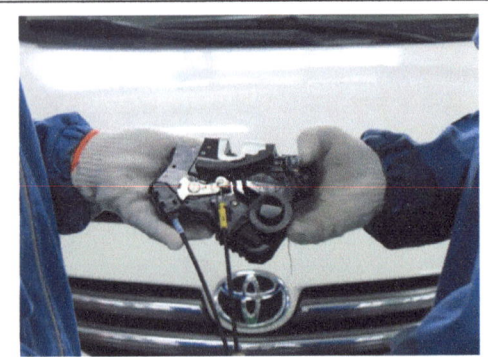

2. 1号学生将门锁总成放入前车门内。

提示：

1）重复使用已拆下的前门门锁总成时,给连接器换上一个新的门锁线束密封。

2）不要使用润滑脂或脏物粘覆在连接器的门锁线束密封表面。

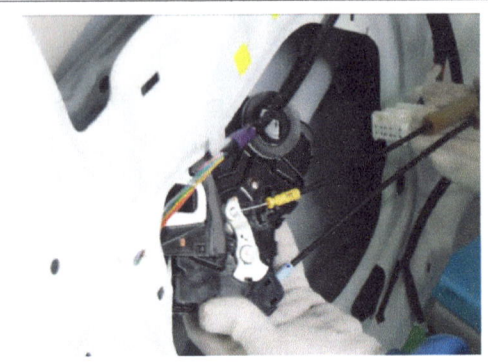

3. 1号学生将前门锁开启杆插入前门门锁总成。

提示：

再次确保前门锁开启杆牢固连接到前门门锁总成上。

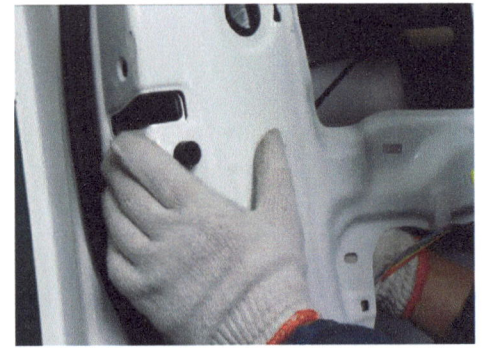

学习任务三　门锁机构的拆装与更换工艺

(续)

4. 1号学生使用梅花套筒扳手拧紧3个固定螺栓。

💡 提示：
拧紧力矩：5.0N·m。

5. 1号学生使用十字旋具将门锁机构总成闭合，然后拉动外把手，观察锁闩能否正常开启门锁总成。

6. 安装前门后下门框分总成。

💡 提示：
拧紧力矩：6.2N·m。

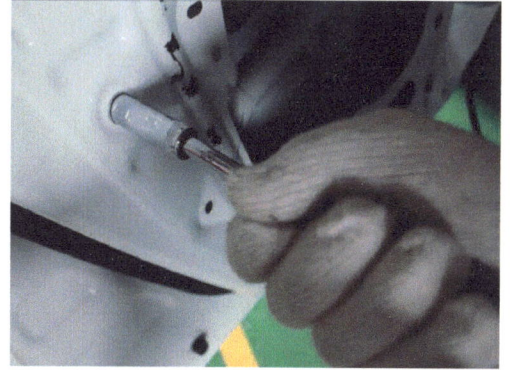

第九步　安装玻璃升降器（参照学习任务二）

第十步　安装车窗玻璃（参照学习任务二）

第十一步　安装防水隔声膜（参照学习任务一）

第十二步　安装车门装饰板（参照学习任务一）

### 第十三步 安装前门外把手分总成、车门锁芯

1.2号学生将密封垫传递给1号学生。

2.1号学生安装外把手分总成密封垫和外把手前装饰密封垫。

提示:

将前门装饰盖密封垫和外把手分总密封垫定位销装入车门外板定位孔内,并使密封垫与车门外板孔边缘完全贴合,防止雨水渗入。

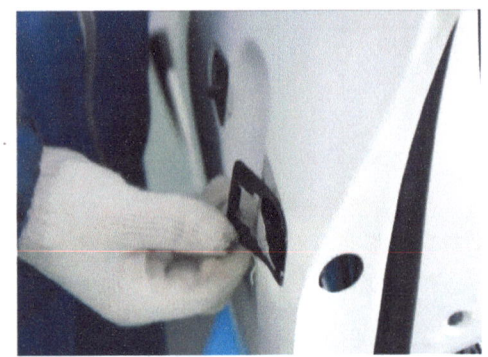

3.1号学生将外把手总成的前端插入车门外把手框内,然后把外把手总成向车辆前方滑动。

提示:

如未拉出并固定住直角杠杆就安装外把手总成,直角杠杆会妨碍外把手总成,损坏分离板。

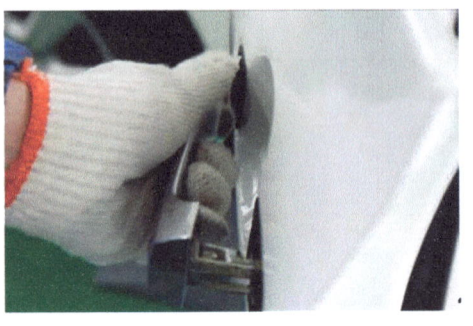

4.1号学生将前门外把手盖和车门锁芯作为一个单元安装到车门孔内。

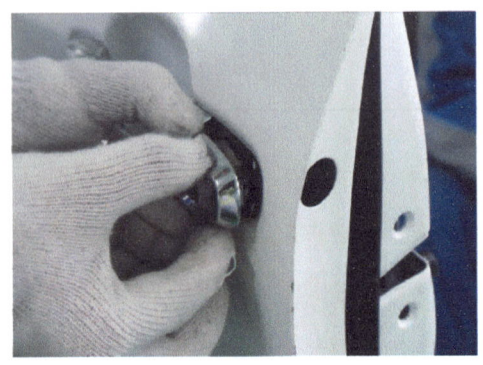

学习任务三　门锁机构的拆装与更换工艺

（续）

5. 1号学生使用梅花套筒扳手顺时针拧紧固定螺栓。

提示：

拧紧力矩：4.0N·m。

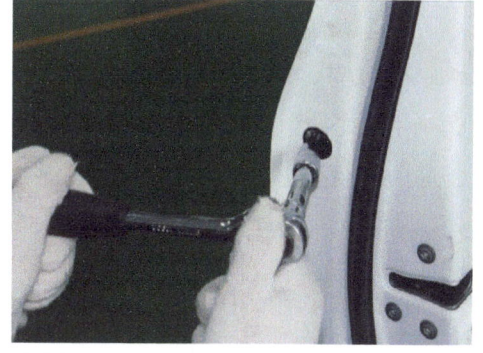

6. 1号学生使用十字旋具将门锁机构总成闭合，然后拉动外把手，观察锁闩能否正常开启门锁总成。

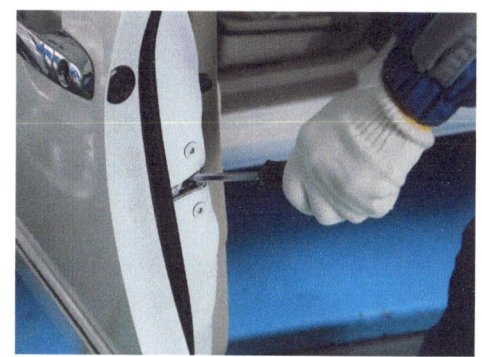

### 第十四步　清洁整理工具、工位

1. 1号学生取下室内四件套，传递给2号学生。2号学生将其放置在包装袋中。

提示：

保护罩用薄塑料制成，易破损。所以拆装时注意保护，以增加使用次数。

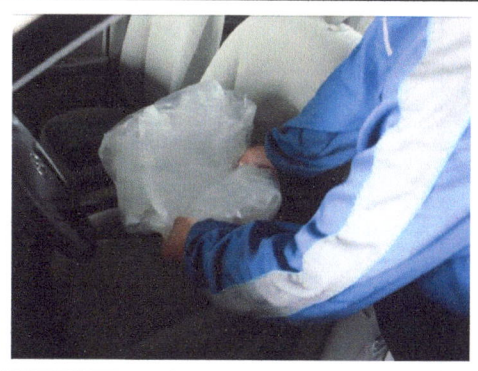

2. 1号学生、2号学生共同擦拭车辆、整理工具、清洁场地，处理废弃物。

提示：

作业项目完成后，要做好工位的清洁、整理和整顿工作，培养良好的工作习惯。

## 四、课后练习

1. 汽车车门内饰板由哪些部分组成？作用是什么？如何正确对其进行拆卸？

2. 汽车后视镜的作用是什么？如果汽车没有后视镜，对行车会有哪些影响？

3. 实训小结。

## 五、操作能力考核表

考核表标准（满分100分，时间共20 min）

| 考核时间 | 序号 | 考核项目 | 满分 | 评分标准 | 得分 |
|---|---|---|---|---|---|
| 20min | 1 | 作业前整理工位 | 6 | 酌情扣分 | |
| | 2 | 安全防护用品使用情况 | 4 | 操作时不戴手套扣4分 | |
| | | | 4 | 操作时不穿安全鞋扣4分 | |
| | 3 | 工具使用情况 | 2 | 未正确使用一字旋具扣2分 | |
| | | | 2 | 未正确使用十字旋具扣2分 | |
| | | | 2 | 未正确使用棘轮扳手，套筒，接杆工具拆卸扣2分 | |
| | | | 2 | 未正确使用"TORX"梅花扳手扣2分 | |
| | 4 | 拆卸蓄电池负极电缆 | 10 | 操作错误扣10分 | |
| | 5 | 拆卸防水塞孔 | 2 | 未正确拆卸防水塞孔扣2分 | |
| | 6 | 拆卸外门把手盖和锁芯 | 4 | 未正确拆卸外门把手盖和锁芯扣4分 | |
| | 7 | 拆卸前门外把手总成 | 4 | 未正确拆卸前门外把手总成扣4分 | |
| | 8 | 取下密封垫 | 2 | 未正确取下密封垫扣2分 | |
| | | 拆卸车门装饰板 | 3 | 未正确拆卸车门装饰板扣3分 | |
| | | 拆卸防水隔声膜 | 2 | 未正确拆卸防水隔声膜扣2分 | |
| | | 拆卸车窗玻璃 | 2 | 未正确拆卸车窗玻璃扣2分 | |
| | | 拆卸玻璃升降器 | 3 | 未正确拆卸玻璃升降器扣3分 | |

学习任务三 门锁机构的拆装与更换工艺

(续)

| 考核时间 | 序号 | 考核项目 | 满分 | 评分标准 | 得分 |
|---|---|---|---|---|---|
| 20min | 9 | 拆卸门框分总成 | 2 | 未正确拆卸门框分总成扣 2 分 | |
| | 10 | 拆卸门锁机构总成固定螺栓 | 4 | 未正确拆卸门锁机构总成固定螺栓扣 4 分 | |
| | 11 | 拆卸门锁总成和拉锁 | 2 | 未正确拆卸门锁总成和拉锁扣 2 分 | |
| | 12 | 安装门锁机构固定 | 2 | 未正确安装门锁机构固定扣 2 分 | |
| | 13 | 安装门锁机构总成螺栓 | 2 | 未正确安装门锁机构总成螺栓扣 2 分 | |
| | 14 | 安装门框分总成 | 3 | 未正确安装门框分总成扣 3 分 | |
| | | 安装玻璃升降器 | 3 | 未正确拆安装璃升降器扣 1 分 | |
| | | 安装车窗玻璃 | 2 | 未正确安装车窗玻璃扣 2 分 | |
| | | 安装防水隔声膜 | 2 | 未正确安装防水隔声膜扣 2 分 | |
| | | 安装车门装饰板 | 3 | 未正确安装车门装饰板扣 3 分 | |
| | 15 | 安装密封垫 | 2 | 未正确安装密封垫扣 2 分 | |
| | 16 | 安装前门外把手总成 | 4 | 未正确安装前门外把手总成扣 4 分 | |
| | 17 | 检查门锁总成工作情况 | 10 | 安装完成后,扣 10 分 | |
| | 18 | 超过规定操作时间 | 5 | 每超时 1min 扣 1 分,扣完为止 | |
| | 19 | 遵守相关安全规定 | | 因违规操作造成人身和设备事故的,总分按 0 计分 | |
| | | 分数合计 | 100 | | |

# 学习任务四

## 汽车发动机室盖的拆装与更换工艺

**Task 4**

### 学习目标

完成本学习任务后,你应当达到如下目标:

1. **知识目标**
   1) 理解掌握汽车发动机室盖的作用。
   2) 正确识别汽车发动机室盖的安装组成零部件。

2. **能力目标**
   1) 规范使用发动机室盖拆装工具。
   2) 根据车身维修手册,安全规范地进行更换操作。
   3) 会运用所学知识对不同类型的发动机室盖总成进行正确更换。

3. **养成目标**
   1) 培养工作中细致的习惯。
   2) 培养节约生产成本的好品质。

### 建议学时

建议完成本学习任务的时间为 14 课时。

### 一、知识准备

汽车发动机室盖简称机舱罩,主要由多个冷冲压成形的薄板金属件组成,呈骨架形式。从机舱罩外观上,可以看到部分外板。在有些车型的外板上安装有风窗洗涤剂喷嘴和部分装饰件。打开机舱罩后,内部可见的部分称为内板。在内板上一般会布置很多部件的安装结构,包括铰链、撑杆、密封条、锁扣及隔声垫等。在外板与内板之间还会有一些加强板。内板和加强板共同对外板起到支撑作用。在连接方式上,内板与加强板采用电阻焊的形式组合在一起,然后再整体与外板通过卷边连接成机舱罩总成。

## 学习任务四 汽车发动机室盖的拆装与更换工艺

通常，机舱罩在打开时是向后翻转的。机舱罩向后翻转时，与周边部件不可发生干涉。机舱罩可以打开至某一位置并在此固定，以满足车辆维修的需要。打开至最大开启角度时，与前风窗玻璃至少保持 10mm 的间隙。

若车辆在行驶过程中由于振动过度而使机舱罩开启，会产生严重问题，甚至影响到驾驶人生命安全，这就要求在机舱罩前端安装锁止装置。

**引导问题一** 汽车发动机室盖由哪些部件组成？

汽车发动机室盖总成一般由外板、内板、隔声垫、铰链、撑杆、密封条、锁钩等组成，如图 4-1 所示。为了保持风窗玻璃的清洁，大部分车辆将风窗洗涤剂喷嘴分总成和软管总成安装于发动机室盖下。

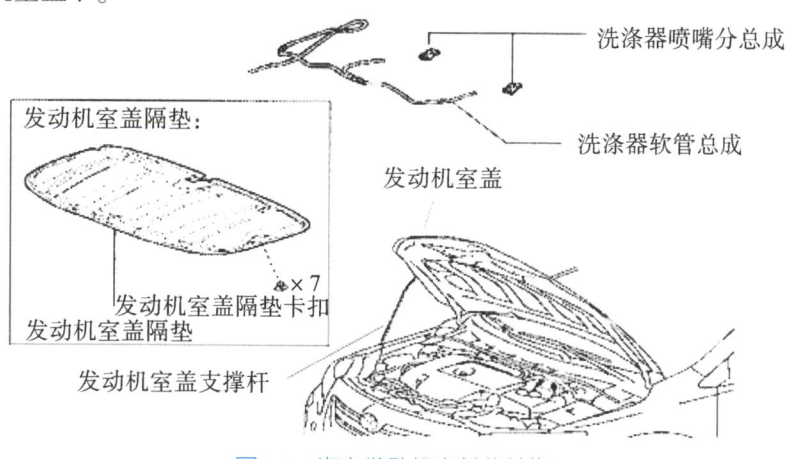

图 4-1 汽车发动机室盖的结构

**引导问题二** 发动机室盖的作用是什么？

发动机室盖位于风窗玻璃的前方，其总成在结构上一般由外板和内板组成，中间夹以隔热材料，内板起到增强刚性的作用，其几何形状由厂家选取，基本上是骨架形式。发动机室盖开启时一般是向后翻转，也有小部分是向前翻转。向后翻转的发动机室盖打开至预定角度，与前风窗玻璃的最小间距为 10mm。

发动机室盖的作用主要有以下几点。

（1）空气导流

对于在空气中高速运动的物体，气流在运动物体周边产生的空气阻力和扰流会直接影响物体运动轨迹和运动速度，通过发动机室盖外形可有效调整空气相对汽车运动时的流动方向和对车产生的阻力，减小气流对车的影响。通过导流，空气阻力可分解成有益的下压力，增大前轮轮胎对地的附着力，有利于车的行驶稳定。

（2）保护发动机及周边管线配件

发动机室盖下，都是汽车重要的组成部件，包括发动机、电路、油路、制动系统以及传动系统等，这些对车辆至关重要。通过提高发动机室盖的强度和构造，可充分防止冲击、腐蚀、雨水及电磁干扰等不利影响，充分保护车辆的正常工作。

(3) 美观

车辆外观设计是车辆价值的一个直观体现,发动机室盖作为汽车整体外观的一个重要组成部分,有着至关重要的作用。

(4) 辅助驾驶视线

驾驶人在驾驶汽车过程中,前方视线和自然光的反射对驾驶人正确判断路面和前面状况至关重要,通过发动机室盖的外观可有效调整反射光线的角度和形式,从而降低反射光线对驾驶人的影响。

(5) 防止意外

发动机工作在高温、高压、易燃环境下,可能由于过热或者零件意外损坏而发生爆炸或是燃烧、泄漏等事故,发动机室盖可有效阻挡因爆炸引起的伤害,起到防护盾的作用。有效阻隔空气和防止火焰的蔓延,降低燃烧风险和损失。

(6) 特殊用途平台

特种车辆中,常利用高强度发动机室盖作为工作平台,起到支撑作用。

## 二、技术标准与要求

1. 参训学员必须穿戴相应的劳动保护用品(工作服、手套、安全鞋),以免发生意外事故。
2. 发动机室盖不能有变形、腐蚀、锈蚀等现象,且漆面要保护完好,不能有漆膜缺陷。
3. 定心螺栓用来安装发动机室盖铰链和发动机室盖锁,安装好的发动机室盖铰链和发动机室盖锁不能有变形。在定心螺栓安装好的情况下,不能调整发动机室盖铰链和发动机室盖锁。如果进行调整时,可用标准螺栓(带垫圈)替换定心螺栓。
4. 发动机室盖与前翼子板之间的标准间隙为2.3~5.3mm,安装到位后应在标准间隙范围内。
5. 发动机室盖固定螺栓拧紧力矩为13N·m。
6. 发动机室盖关闭后,应与前翼子板的高度相对齐,如果高度不一致,可通过转动橡胶垫使其升高或降低,达到发动机室盖标准高度。

## 实训器材

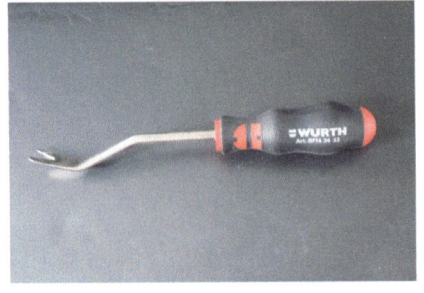

卡扣拆卸专用工具

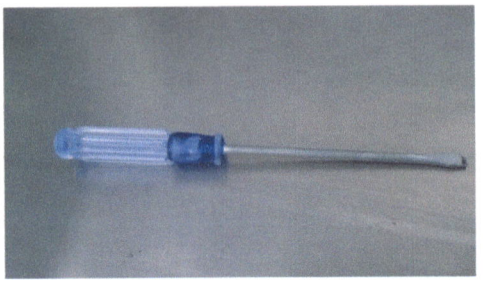

小一字旋具

学习任务四　汽车发动机室盖的拆装与更换工艺

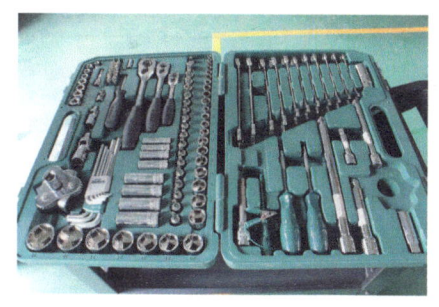
世达工具组套

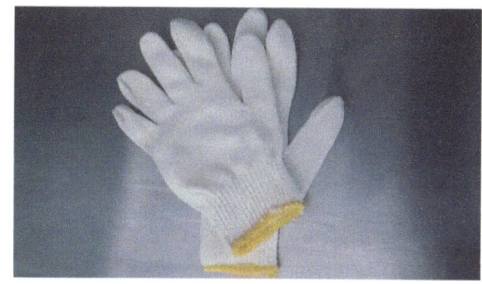
手套

## 教学组织

1. 教学组织形式

每辆车安排 4 名学生参与实训，两名学生一组，一组操作，一组观察学习。

2. 学生站位分工和要求

两名学生一组，按照 1 号、2 号进行编号，1 号为主，2 号为辅助。

3. 实训教师职责

讲解操作步骤和注意事项；下达"操作开始"口令；工位间巡视、检查、指导和纠正错误。

4. 学生职责变换

两名学生实行职责变换制度，即第一遍 1 号为主，2 号辅助；第二遍 2 号为主，1 号辅助。

## 三、工艺流程

**第一步　操作准备**

1. 车辆进入工位前，参训学生将工位卫生清理干净，排除障碍物，准备好相关的工具、物品等。

💡 提示：

培养良好的工作习惯，做好事前准备，有利于安全操作和提高工作效率。

（续）

2. 将车辆平稳停驻在工位上。

3. 1号学生打开车门，安装室内四件套。

 提示：

室内四件套包括座椅套、转向盘套、变速杆套、地板垫。保证驾驶室内清洁。

4. 1号学生将变速杆至于P位，拉紧驻车制动器。

 提示：

为保证车辆在工位上的可靠停驻，防止出现溜滑，造成安全事故，因此，要拉紧驻车制动器。

5. 1号学生用一只手微微拉起发动机室盖，另一只手伸进发动机室盖缝隙中，用手顶起发动机室盖锁总成活动扣。

 提示：

发动机室盖锁总成为二级锁止机构，一级锁钩由拉索控制，二级锁钩为机械装置。

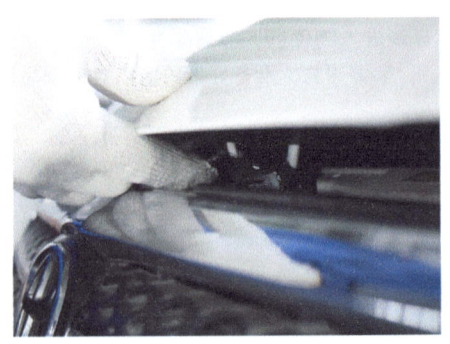

## 学习任务四　汽车发动机室盖的拆装与更换工艺

（续）

6. 1号用手撑起发动机室盖，并将发动机支撑杆插入发动机室盖支撑孔内。

 提示：

将支撑杆插入发动机室盖支撑孔时，要保证接触可靠，否则，发动机室盖滑落会造成人身伤害。

### 第二步　拆卸发动机室盖隔垫

1. 2号学生将卡扣拆卸专用工具传递给1号学生。

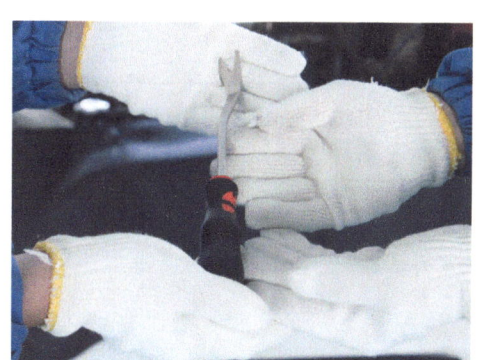

2. 1号学生使用卡扣专用工具拆卸发动机室盖隔垫7只卡扣。

 提示：
1）将卡扣专用拆卸工具卡入卡扣，并用力将其撬出。
2）卡扣为塑料件，撬动时，不能硬撬，防止损坏卡扣。

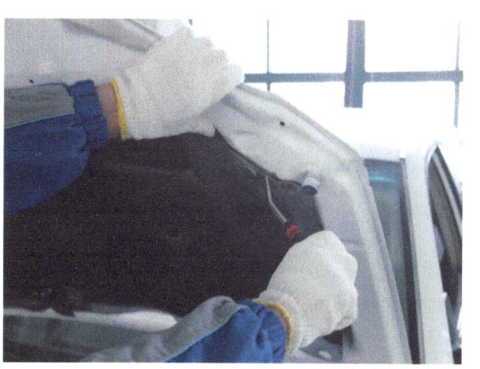

(续)

3. 1号学生双手握住隔板将其取下,并传递给2号学生。

 提示:

1)取下隔垫时,沿发动机室盖水平方向取出。
2)隔垫采用符合材料制作,不能折弯,防止损坏隔垫。

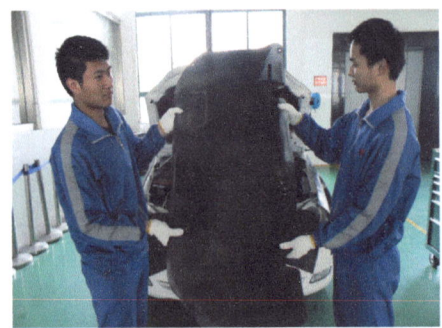

### 第三步 拆卸喷嘴软管及喷嘴总成

1. 1号学生分离喷嘴软管和三通阀。

 提示:

1)喷嘴软管为橡胶材料,拔下时注意力度(最好使用热水烫一下),防止软管破损。
2)三通阀有倒扣锁止装置,材料为塑料,拔下时,防止损坏三通阀。

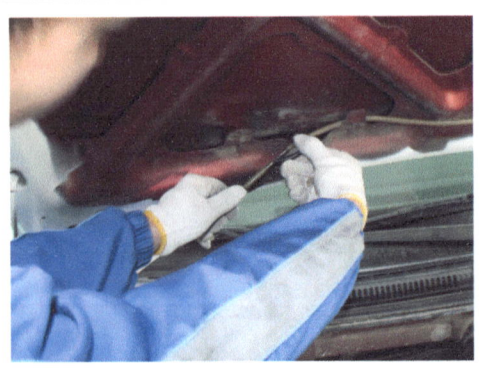

2. 1号学生将喷嘴软管总成从发动机室盖结构件中抽出。

 提示:

喷嘴软管总成为橡胶材料,抽出时注意力度,防止软管破损。

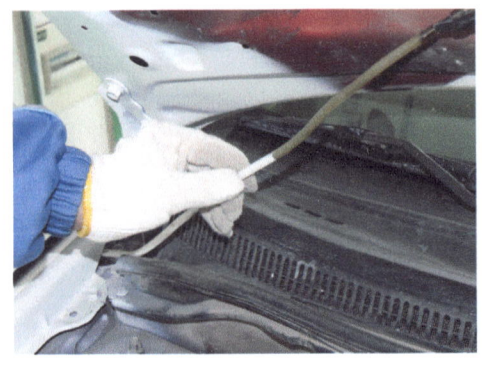

## 学习任务四　汽车发动机室盖的拆装与更换工艺

（续）

3. 2号学生将小一字旋具传递给1号学生。

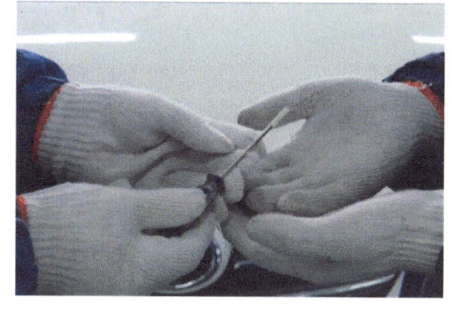

4. 1号学生使用小一字旋具拆卸喷嘴分总成。

提示：

1）使用一字旋具脱开两只卡扣，并拆下喷嘴分总成。
2）使用一字旋具拆卸卡扣时，最好在一字旋具端部缠上胶带。

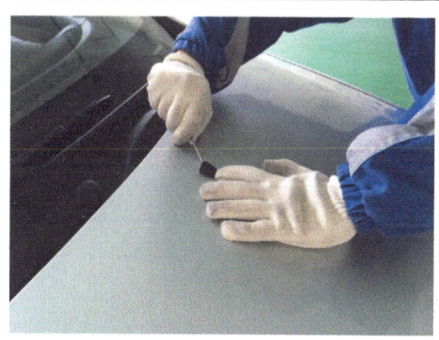

### 第四步　拆卸发动机室盖分总成

1. 2号学生将 $\phi$14mm 套筒、接杆、棘轮扳手组合后递给1号学生。

2. 1号学生使用 $\phi$14mm 组合扳手拧松发动机室盖铰链螺栓。

提示：

1号拆卸发动机室盖铰链螺栓，2号学生用手扶住发动机室盖，防止拆卸螺栓过程中发动机室盖掉落，损坏风窗玻璃。待1号操作结束，2号学生拆卸发动机室盖铰链螺栓。

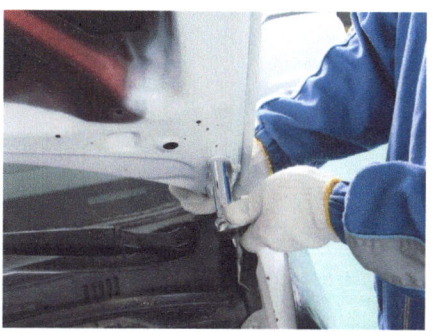

（续）

3. 1号学生和2号学生配合将发动机室盖移出。

 提示：

移出发动机室盖时，用一只手扶住发动机室盖铰链端，将发动机室盖放平、移出。

### 第五步　安装发动机室盖分总成

1. 1号学生和2号学生配合将发动机室盖抬到安装位置，一只手扶住发动机室盖分总成端角，用另一只手拧上螺栓。

 提示：

1）安装过程中，1号学生安装时，2号学生用手扶住，交替拧紧铰链螺栓。

2）拧紧铰链螺栓时，用肩膀顶住发动机室盖分总成，防止滑落。

2. 2号学生将 φ14mm 套筒、接杆、棘轮扳手组合后递给1号学生。

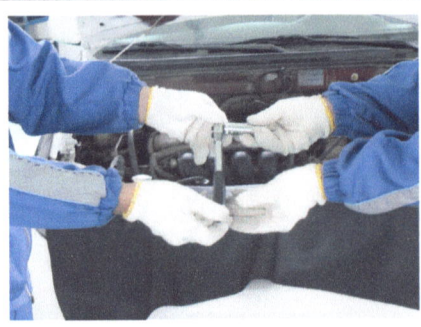

3. 1号学生使用 φ14mm 组合扳手预紧发动机室盖铰链螺栓。

 提示：

发动机室盖铰链螺栓预紧后，无需达到规定的拧紧力矩，以方便间隙的调整。

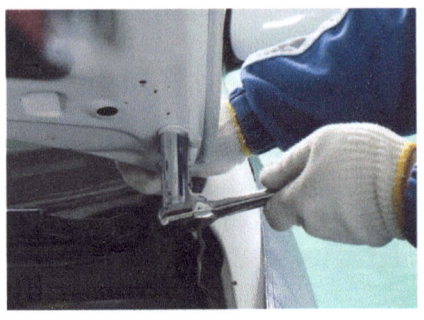

## 学习任务四 汽车发动机室盖的拆装与更换工艺

(续)

4.1号学生将发动机室盖总成关闭，并检查发动机室盖分总成与翼子板之间的宽度间隙。

提示：

1）检查发动机室盖分总成与翼子板之间的间隙是否在2.3~5.3mm。
2）发动机室盖分总成与翼子板两边的间隙应保持一致。

5.1号学生移动发动机室盖分总成，调整发动机室盖分总成与翼子板之间的间隙。

提示：

如果间隙没有在标准范围内，应对其进行调整。

6.2号学生将φ14mm套筒、接杆、扭力扳手组合后传递给1号学生。

7.1号学生使用φ14mm组合扭力扳手拧紧发动机室盖铰链螺栓。

提示：

发动机室盖与翼子板间隙符合标准后，用扭力扳手将螺栓拧紧。拧紧力矩为13N·m。

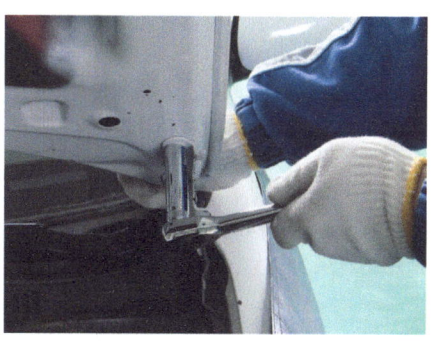

（续）

8. 1号学生将发动机室盖分总成关闭，检查发动机室盖分总成与翼子板之间的高度间隙。

提示：

发动机室盖分总成与翼子板之间的高度应一致，如不一致，可转动橡胶垫，调节发动机室盖前端高度。

### 第六步　安装喷嘴软管及喷嘴分总成

1. 1号学生安装喷嘴分总成。

提示：

喷嘴分总成为塑料材料，安装时注意方向，防止损伤。

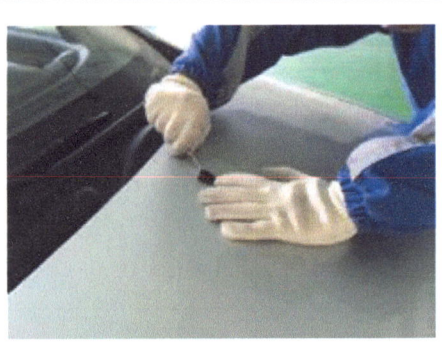

2. 1号学生将喷嘴软管从发动机室盖分总成结构件孔中穿入。

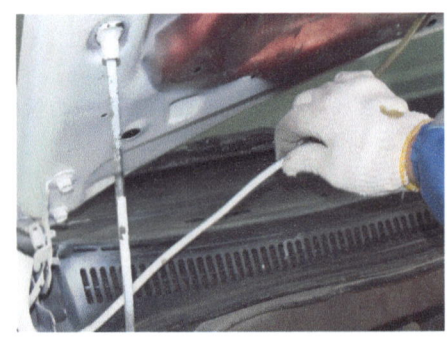

3. 1号学生将喷嘴软管与三通阀接合。

提示：

喷嘴软管为橡胶材料，装入时注意力度（安装前最好使用热水烫一下），防止软管破损。

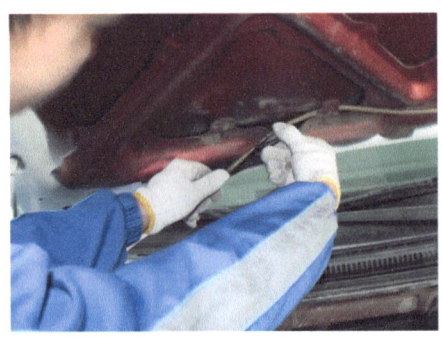

## 学习任务四　汽车发动机室盖的拆装与更换工艺

（续）

4. 1号学生将发动机室盖分总成放下。开左前门，打开点火开关至ON档，打开喷嘴开关，检查喷嘴工作情况。

 提示：

刮水器开关为复合式组合开关。将刮水器开关向上抬起，即喷嘴工作。

5. 1号学生在打开喷嘴开关的同时，观察风窗玻璃，检查喷嘴是否工作正常。

 提示：

检查洗涤液在风窗玻璃上的喷射位置，应在72～340mm范围内。如不在规定范围内，需对喷嘴进行调整。调整后如仍未达到规定范围内，需进行更换。

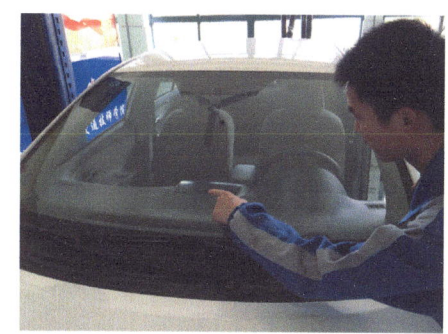

### 第七步　安装发动机室盖隔垫

1. 1号学生将发动机室盖隔垫装入发动机室盖分总成内侧。

 提示：

1）发动机室盖隔垫装入时，要将喷嘴软管卡于隔垫内，防止喷嘴软管外露而损坏。
2）隔垫装入时，要将隔垫扣入发动机室盖固定槽内。

2. 1号学生将隔垫的7只固定卡扣卡入相应位置。

 提示：

1）安装卡扣时，用一只手扶住发动机室盖分总成上部，防止按下时，发动机室盖向后倾斜。
2）卡扣为塑料材料，卡入时用力要适度，防止损坏卡扣。

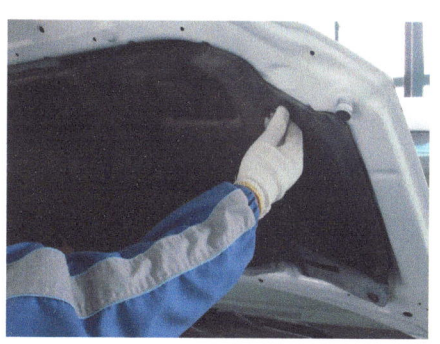

### 第八步　清洁整理工具、学生

1. 1号学生取下室内四件套,传递给2号学生。2号学生将其放置在包装袋中。

 提示:

保护罩用薄塑料制成,易破损。所以拆装时注意保护,以增加使用次数。

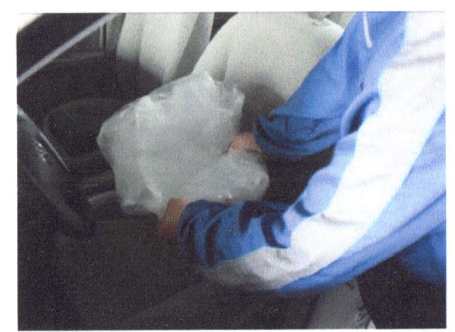

2. 1号学生、2号学生共同擦拭车辆、整理工具、清洁场地,处理废弃物。

 提示:

作业项目完成后,要搞好学生的清洁、整理和整顿工作,培养良好的工作习惯。

## 四、课后练习

1. 简述汽车发动机室盖的组成。

2. 总结并叙述汽车发动机室盖的作用。

3. 实训小结。

学习任务四　汽车发动机室盖的拆装与更换工艺

## 五、操作能力考核表

考核表标准（满分100分，时间共20 min）

| 考核时间 | 序号 | 考 核 项 目 | 满分 | 评 分 标 准 | 得分 |
|---|---|---|---|---|---|
| 20min | 1 | 作业前整理工位 | 6 | 酌情扣分 | |
| | 2 | 安全防护用品的使用情况 | 4 | 操作时不戴手套扣4分 | |
| | | | 4 | 操作时不穿安全鞋扣4分 | |
| | 3 | 工具使用情况 | 2 | 未正确使用一字旋具扣2分 | |
| | | | 3 | 未正确使用棘轮扳手、套筒、卡扣拆卸专用工具3分 | |
| | 4 | 拆卸7只卡扣 | 5 | 操作错误扣5分 | |
| | 5 | 取下隔板 | 4 | 未正确拆卸隔板扣4分 | |
| | 6 | 拆卸喷嘴软管总成 | 4 | 未正确拆卸喷嘴软管总成扣4分 | |
| | 7 | 拆卸喷嘴分总成 | 4 | 未正确拆卸喷嘴总成扣4分 | |
| | 8 | 拆卸发动机室盖 | 8 | 未正确拆卸发动机室盖扣8分 | |
| | 9 | 安装发动机室盖 | 8 | 未正确安装发动机室盖扣8分 | |
| | 10 | 检查发动机室盖分总成与翼子板之间宽度间隙 | 10 | 未检查扣10分 | |
| | 11 | 检查发动机室盖分总成与翼子板之间高度间隙 | 10 | 未检查扣10分 | |
| | 12 | 安装喷嘴分总成 | 10 | 未正确安装喷嘴总成扣10分 | |
| | 13 | 安装喷嘴软管总成 | 4 | 未正确安装喷嘴软管总成扣4分 | |
| | 14 | 安装隔板 | 4 | 未正确安装隔板扣4分 | |
| | 15 | 安装卡扣 | 5 | 未正确安装卡扣扣5分 | |
| | 16 | 超过规定操作时间 | 5 | 每超时1min扣1分，扣完为止 | |
| | 17 | 遵守相关安全规定 | | 因违规操作造成人身和设备事故的，总分按0计分 | |
| | | 分数合计 | 100 | | |

# 学习任务五

## 保险杠总成的拆装与更换工艺

**Task 5**

## 学习目标

完成本学习任务后，你应当达到如下目标：

1. 知识目标
1) 掌握保险杠总成的组成及作用。
2) 熟悉保险杠的结构，掌握卡子的拆装方法。

2. 能力目标
1) 规范的拆装汽车保险杠。
2) 能对安装好的汽车保险杠进行检验。
3) 具有目测轿车保险杠配合间隙是否正常的能力。
4) 会运用所学知识对不同类型的汽车保险杠总成进行正确更换。

3. 养成目标
1) 养成正确的劳动态度。
2) 养成良好的劳动习惯。

## 建议学时

建议完成本学习任务的时间为 12 课时。

## 一、知识准备

汽车保险杠又称防撞梁，位于汽车车身的最前端，用于防护车身前部的安全装置。

20 世纪 80 年代以前，轿车前保险杠以金属材料为主，用厚度为 3mm 以上的钢板冲压成 U 形槽钢，表面镀铬处理，与车身纵梁采用铆接或焊接连接在一起。随着汽车工业的发展，现代轿车的保险杠绝大多数采用塑料制成，人们称为塑料保险杠。塑料保险杠使用的塑料，一般为聚酯系和聚丙烯系两种材料，采用注射成型法制成。国外还有一种

## 学习任务五　保险杠总成的拆装与更换工艺

称为聚碳酸酯系的材料，掺加合金成分，采用合金注射成型的方法，加工出来的保险杠不但具有高的强度和良好的刚性，还具有可以焊接的优点，而且涂装性能好，在轿车上得到广泛使用。

**引导问题一**　轿车保险杠的结构是怎么样的？

货车保险杠是安装在车架上的，而轿车一般没有车架，采用的是承载式车身，其前保险杠一般安装在前纵梁上。轿车前保险杠由缓冲材料、前纵梁和支架组成，如图5-1所示。缓冲材料又称保险杠能量吸收器，它由泡沫材料制成，位于保险杠本体内侧和横梁之间，在汽车碰撞时能吸收能量。保险杠横梁又称保险杠防撞梁，它通过螺栓固定在车身纵梁上，它通常由薄钢板冷轧而成，为了减轻重量，少数高档轿车前纵梁采用铝合金制成。

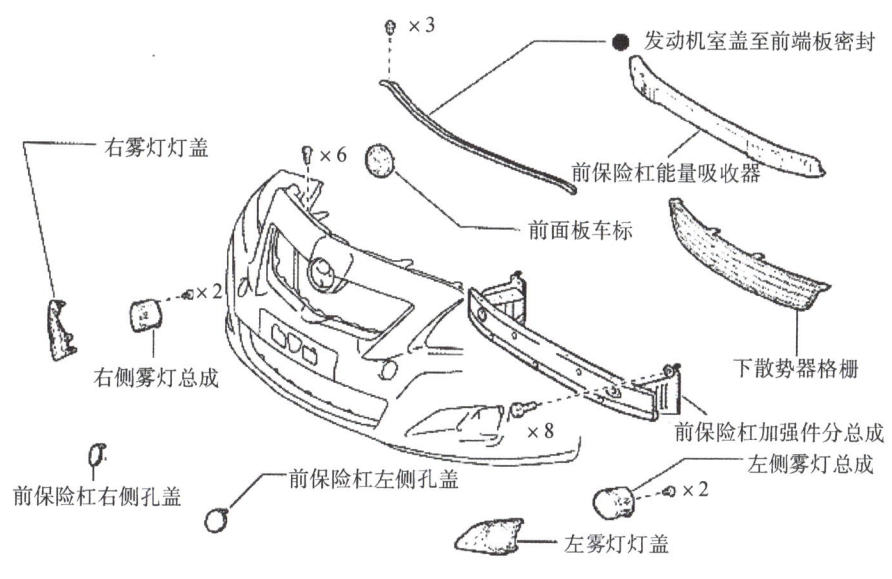

图 5-1　汽车保险杠总成

前保险杠两侧通过卡爪及螺栓固定在前保险杠支架和翼子板。前保险杠上端通过螺栓及卡扣固定在龙门架上，前保险杠下端连接在车身底部内衬板上。

前保险杠上装有空气导流板，以便于迎面空气流动，保证发动机散热。保险杠上部与下部都安装了散热器格栅，在汽车行驶时，以便于流动的空气给发动机散热器和空调散热器散热。前保险杠上预留有侧孔，孔上有盖，便于牵引车辆时安装挂钩。前保险杠中间部位便于汽车车牌照安装，在牌照安装处上端还安装有汽车车标。

**引导问题二**　对轿车保险杠的要求有哪些？

现代轿车都追求车身的美感，前、后保险杠的外部造型和颜色应与车身整体协调一致，这要求保险杠具备较好的涂装性能。当汽车在低速发生碰撞时，前保险杠可以保护前照灯、空调散热器等部件。在车辆发生纵向碰撞时，保险杠起一定的缓冲、保护作用，保护驾驶人及乘客的安全，还能在一定的程度上减轻被撞人或物的受伤害程度。因此，保险杠应具有一定的强度和刚度。

**引导问题三** 汽车保险杠的作用是什么？

汽车保险杠是吸收缓和外界冲击力、防止车身前后部损坏的安全装置。20年前，轿车前后保险杠是以金属材料为主，用厚度为3mm以上的钢板冲压成U形槽钢，表面进行镀铬处理，与车架纵梁铆接或焊接在一起，与车身有一段较大的间隙，像是一件附加上去的部件。现在的轿车前后保险杠除了保持原有的保护功能外，还追求与车体造型的和谐、统一，追求本身的轻量化。为了达到该目的，目前轿车的前后保险杠均采用塑料制成，人们称为塑料保险杠。其具体作用如下：

（1）保护作用

当汽车发生纵向碰撞时，前保险杠能吸收、缓和外界冲击力、保护车身，使之损失减小，同时用过缓冲作用使人的受伤害程度也大大降低。

（2）装置作用

在前保险杠上，可以安装灯具、雷达探测头、拍照架及照相机等物件。

（3）美化作用

从外观上看，可以很自然地与车体结合在一起，浑然一体，具有很好的装饰性，成为装饰轿车外形的重要部件。

（4）提高空气动力学性能

随着轿车向高速化发展，保险杠不仅有吸能和装饰作用，其形状、尺寸及安装位置等与车身造型的最佳配合，也是降低整体空气阻力、提高空气动力学性能的重要因素。

## 二、技术标准与要求

1. 操作过程中，应尽量避免拆装时划伤保险杠漆面。
2. 参训学员必须穿戴必要的劳保用品，以免发生意外，安全第一。
3. 拆装过程中，要特别注意掌握合适的力度，禁止粗暴操作，损坏零部件，影响再次使用。
4. 在内饰件的拆装的过程中，要注意保护表面装饰件不被划伤。
5. 前保险杠加强件分总成固定螺栓的拧紧力矩为50N·m。
6. 安装好后，检查发动机罩与前保险杠总成的配合间隙，间隙应在0.5~1.5mm之间。
7. 前翼子板总成与前保险杠总成的配合间隙应小于3mm。

## 学习任务五 保险杠总成的拆装与更换工艺

**实训器材**

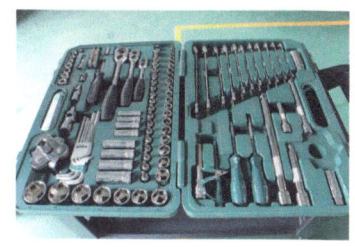
世达工具组套

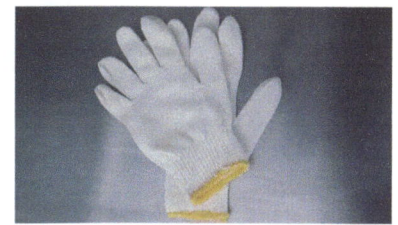
手套

保护胶带

**教学组织**

1. 教学组织形式

每辆车安排4名学生参与实训,两名学生一组,一组操作,一组观察学习。

2. 学生站位分工和要求

两名学生一组,按照1号、2号进行编号,1号为主,2号为辅助。

3. 实训教师职责

讲解操作步骤和注意事项;下达"操作开始"口令;工位间巡视、检查、指导和纠正错误。

4. 学生职责变换

两名学生实行职责变换制度,即第一遍1号为主,2号辅助;第二遍2号为主,1号辅助。

**三、工艺流程**

第一步 操作准备

1. 车辆进入工位前,参训学生将工位卫生清理干净,排除障碍物,准备好相关的工具、物品等。

💡 提示:

培养良好的工作习惯,做好事前准备,有利于安全操作和提高工作效率。

（续）

2. 将车辆平稳停驻在工位上。

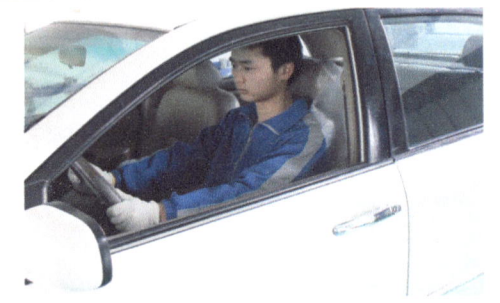

3. 1号学生打开车门，安装室内四件套。

提示：

室内四件套包括座椅套、转向盘套、变速杆套、地板垫。保证驾驶室内清洁。

4. 1号学生将变速杆至于P位，拉紧驻车制动器。

提示：

为保证车辆在工位上的可靠停驻，防止出现溜滑，造成安全事故，因此，要拉紧驻车制动器。

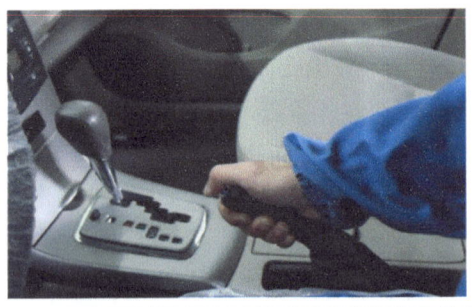

5. 1号学生打开发动机室盖，使用扳手将蓄电池负极电缆拆下。

提示：

操作过程中，断开蓄电池负极电缆，以免损坏电气设备。

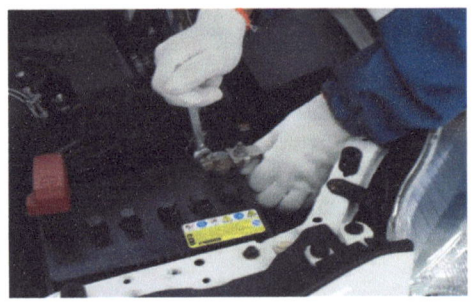

6. 1号学生打开汽车驾驶室车门，并将车门完全开启。

提示：

完全开启车门主要是为了方便操作。根据场地大小可适当调整。

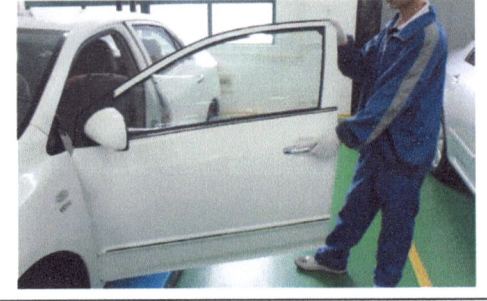

学习任务五  保险杠总成的拆装与更换工艺

### 第二步  拆卸散热器格栅防护罩

1. 使用一字旋具拆卸 6 个散热器格栅防护罩卡扣。

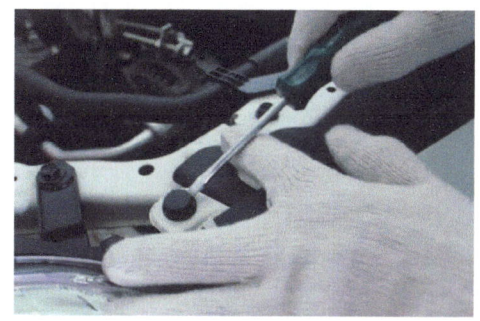

2. 使用十字旋具拧松散热器格栅防护罩连接螺钉，并取下。

 提示：

1）散热器格栅防护罩连接螺钉共两只，左右各一只。
2）拧松螺钉时，要使十字旋具与螺钉保持垂直，防止螺钉在拧松时偏斜，损坏螺钉孔。

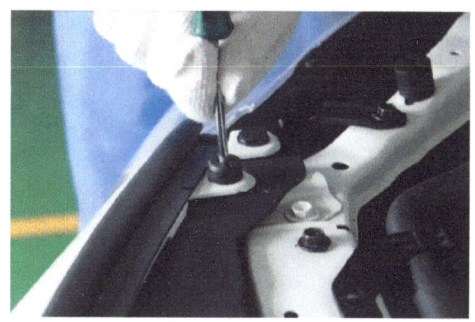

### 第三步  拆卸前保险杠总成

1. 将保险杠总成四周粘贴上保护性胶带。

 提示：

保护性胶带粘贴于保险杠总成四周，主要作用为防止保险杠总成边角碰到油漆表面而划伤漆膜。

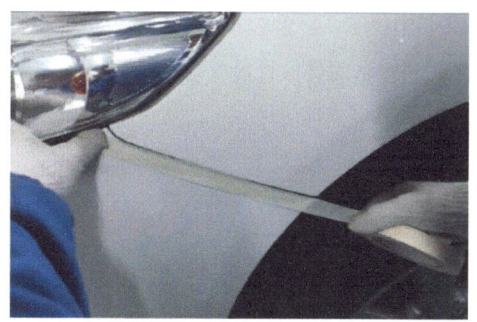

2. 使用一字旋具，将销转动 90°并拆下销固定卡扣。

 提示：
左侧与右侧程序相同。

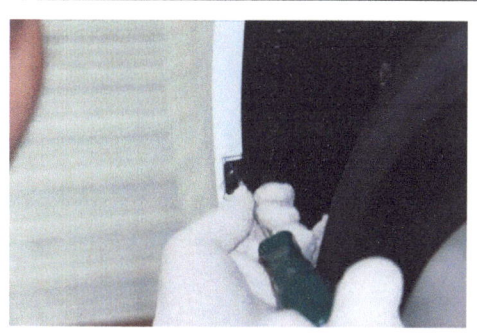

75

(续)

3. 使用十字旋具拧松前翼子板外界衬板连接螺钉，并将其取下。

提示：

1) 前翼子板外接衬板连接螺钉共两只，左右各一只。
2) 拧松螺钉时，要使十字旋具与螺钉保持垂直，防止螺钉在拧松时偏斜，损坏螺钉孔。

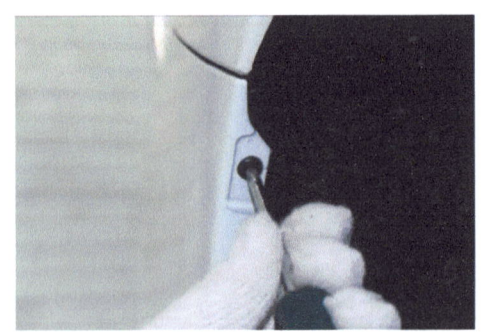

4. 使用 φ10mm 套筒、接杆、棘轮扳手，拧松发动机底盖板的 12 只螺栓，并将其取下。

提示：

拧松螺栓时，要使套筒与螺栓保持垂直，防止螺栓在拧松时偏斜，损坏螺栓孔。

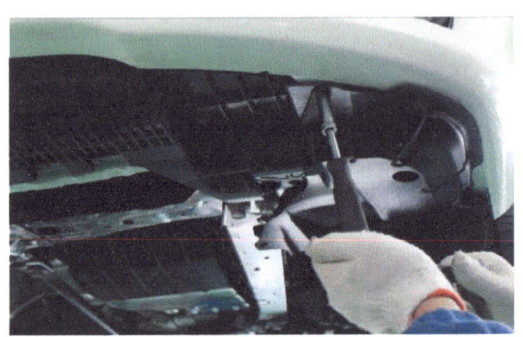

5. 使用十字旋具拧松前保险杠下 3 个卡扣，并取下。

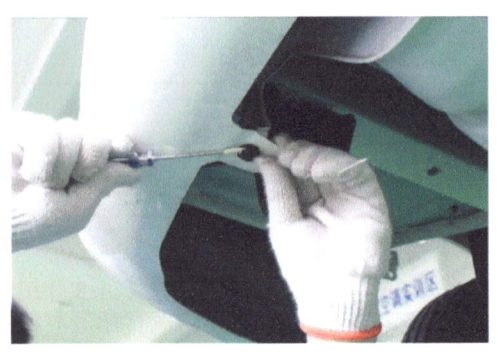

6. 使用 φ10mm 套筒、接杆、棘轮扳手，拧松前保险杠上两个螺栓，并取下。

## 学习任务五 保险杠总成的拆装与更换工艺

(续)

7. 两人配合双手扶住保险杠总成端角,往外侧轻拉,将总成与保险杠支撑架脱离。

 提示:

1)保险杠总成为塑料件,拉动时用力适度,防止损坏保险杠总成。
2)用力点应是保险杠上端的手,轻轻往外侧拉动。

8. 两人配合,将保险杠总成沿车头方向移出。

 提示:

1)移出时,二人配合要默契,不能一人快一人慢。
2)雾灯连接线长度有限,不能移出过多,动作用力要适度。

9. 将雾灯插接器拔出。

 提示:

将保险杠总成反转90°,使雾灯插接器朝上。用一只手扶住保险杠总成,另一只手拔出雾灯插接器的插头。

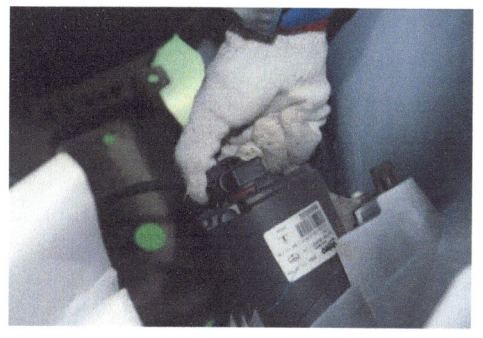

10. 拆卸前保险杠减振器。

 提示:

减振器为泡沫材料,取下时防止损坏。

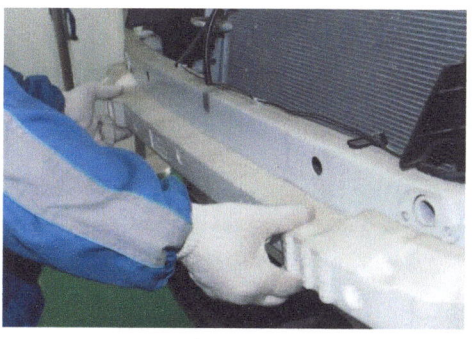

### 第四步  安装前保险杠总成

1. 安装前保险杠减振器。

提示:

1) 保险杠减振器有4个凸起点,将4点位置扣入保险杠定位点时,注意区分上下位置。
2) 减振器为泡沫材料,放入时,防止损坏。

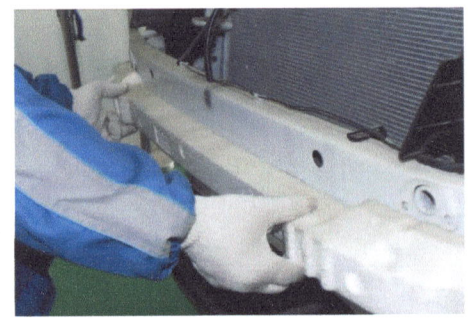

2. 将雾灯插接器的插头插入。

提示:

1) 将保险杠护围翻转90°,使雾灯插头朝上。用一只手扶住保险杠护围,另一只手插入雾灯插接器的插头。
2) 安装到位时,能听到"咔"的声响。

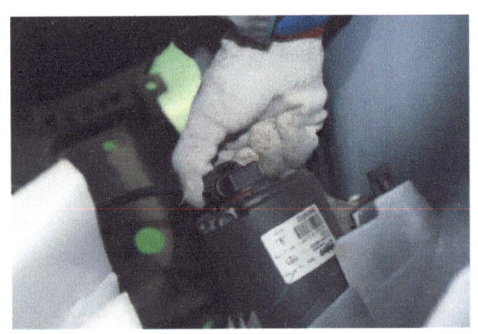

3. 两人配合将保险杠总成从支撑架上抬下,并沿车头方向装入。

提示:

装入时,先将散热器格栅扣在散热器支架上,用一只手扶住,然后另一只手握住端部,将上边缘扣入侧支撑部件中。

4. 两人配合扶住保险杠总成端角,往内侧轻按,将保险杠总成3个卡扣和两个螺钉装入前保险杠支撑架内。

提示:

卡扣装入支撑架时,能听到"咔"的声响。保险杠总成安装到位后,应于翼子板、前照灯总成保持在同一平面上。

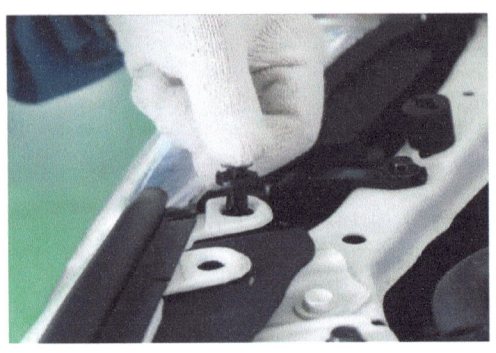

## 学习任务五 保险杠总成的拆装与更换工艺

（续）

5. 将蓄电池负极电缆临时连接到蓄电池负极上。

提示：

1）蓄电池通电，主要为检查雾灯总成是否能正常工作。

2）检查雾灯总成工作情况后，立即将蓄电池负极电缆拆除。

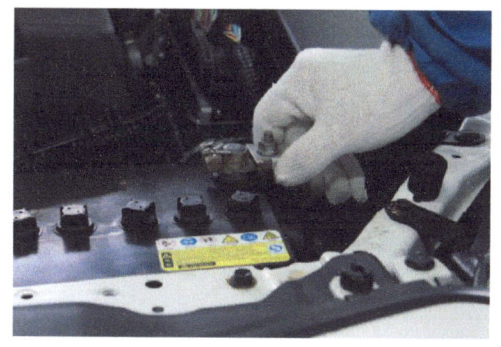

6. 进入驾驶室，将点火开关置于 ON 位置，并打开前照灯和雾灯控制开关。检查雾灯是否点亮。

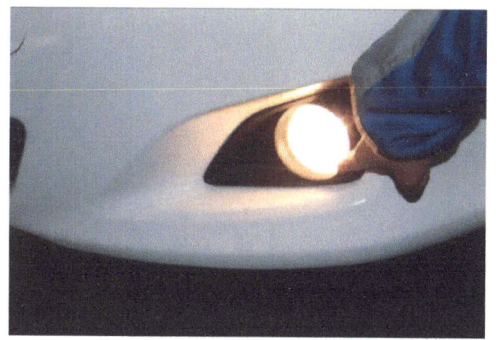

7. 检查前保险杠总成与翼子板总成的配合间隙。

提示：

安装到位后，前保险杠总成与翼子板总成间隙应小于3mm。

8. 使用 φ10mm 套筒、接杆、棘轮扳手，拧紧发动机底盖板 6 只螺栓。

提示：

拧紧发动机底盖板螺栓时，要使螺栓保持垂直，防止拧紧过程中发生偏斜，损坏螺栓孔。

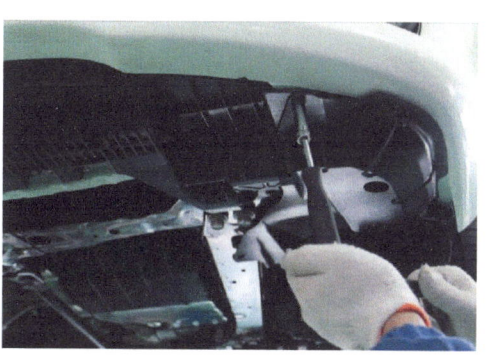

（续）

9. 使用十字旋具拧紧前翼子板外界衬板连接螺钉（左右各一只）。

 提示：

拧紧时，要使螺钉保持垂直，防止拧紧过程中发生偏斜，损坏螺钉孔。

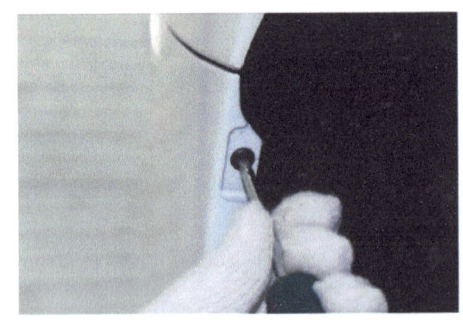

10. 使用一字旋具，安装销固定卡扣。

 提示：

左侧与右侧程序相同。

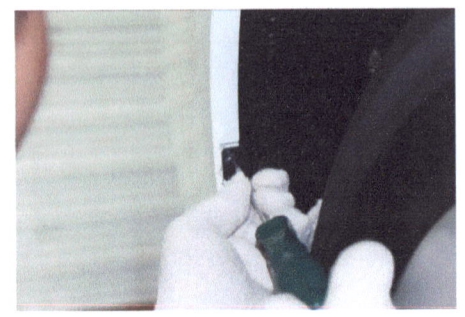

### 第五步　安装散热器上空气导流板

使用十字旋具拧紧散热器格栅防护罩连接的两只螺钉。

 提示：

拧紧时，要使螺钉保持垂直，防止拧紧过程中发生偏斜，损坏螺钉孔。

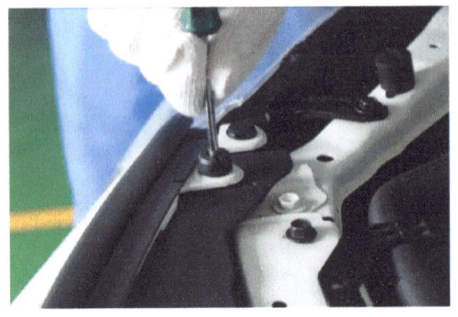

### 第六步　整理工具

1. 将蓄电池负极电缆连接到负极极柱上，用 $\phi$10mm 扳手拧紧。

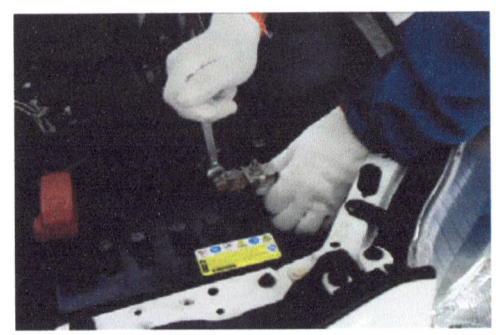

## 学习任务五 保险杠总成的拆装与更换工艺

(续)

| | |
|---|---|
| 2. 取下室内四件套 | 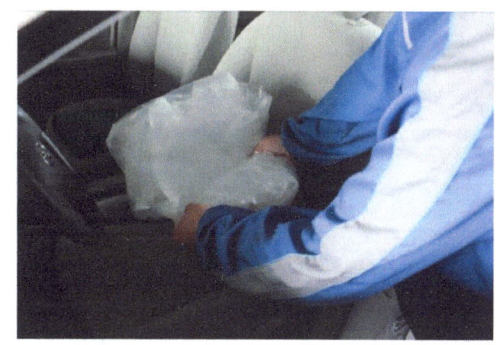 |
| 3. 擦拭车辆、整理工具、清洁场地，处理废弃物。<br>提示：<br>作业项目完成后，要搞好工位的清洁，整理和整顿工作，培养良好的工作习惯。 |  |

## 四、课后练习

1. 简述汽车保险杠的组成及作用。

2. 20世纪80年代以前汽车保险杠一般使用什么材料制成？现代汽车对保险杠的要求是什么？

3. 实训小结。

## 五、操作能力考核表

考核表标准（满分100分，时间共20 min）

| 考核时间 | 序号 | 考核项目 | 满分 | 评 分 标 准 | 得分 |
|---|---|---|---|---|---|
| 20min | 1 | 作业前整理工位 | 6 | 酌情扣分 | |
| | 2 | 安全防护用品使用情况 | 4 | 操作时不戴手套扣4分 | |
| | | | 4 | 操作时不穿安全鞋扣4分 | |
| | 3 | 工具使用情况 | 2 | 未正确使用一字旋具、十字旋具扣2分 | |
| | | | 3 | 未正确使用棘轮扳手，套筒，接杆工具拆卸扣3分 | |
| | 4 | 拆卸蓄电池负极电缆 | 10 | 操作错误扣10分 | |
| | 5 | 拆卸散热器格栅防护罩卡扣 | 6 | 未正确拆卸散热器上空气导流板固定卡扣扣6分 | |
| | 6 | 拆卸销固定卡扣 | 5 | 未正确拆卸散热器上空气导流板扣5分 | |
| | 7 | 拆卸前保险杠下3个卡扣 | 5 | 未正确拆卸散热器格栅扣5分 | |
| | 8 | 拆卸前保险杠总成 | 7 | 未正确拆卸前保险杠总成固定螺栓扣2分 | |
| | 9 | 拆卸雾灯插接器 | 4 | 未正确拆卸雾灯插接器扣4分 | |
| | 10 | 拆卸前保险杠减振器 | 6 | 未正确拆卸前保险杠总成扣6分 | |
| | 11 | 安装前保险杠减振器 | 6 | 未正确拆卸散热器格栅，散热器格栅卡扣断裂此项不得分 | |
| | 12 | 安装雾灯插接器 | 4 | 未安装雾灯插接器扣4分 | |
| | 13 | 安装前保险杠总成 | 7 | 未正确安装前保险杠总成扣7分 | |
| | 14 | 安装前保险杠下3个卡扣 | 5 | 未检查雾灯总成工作情况扣5分 | |
| | 15 | 安装销固定卡扣 | 5 | 未检查前保险杠总成与翼子板总成的间隙扣5分 | |
| | 16 | 安装散热器格栅防护罩卡扣 | 6 | 未正确安装散热器上空气导流板扣6分 | |
| | 17 | 超过规定操作时间 | 5 | 每超时1min扣1分，扣完为止 | |
| | 18 | 遵守相关安全规定 | | 因违规操作造成人身和设备事故的，总分按0计分 | |
| | | 分数合计 | 100 | | |

# 学习任务六

## 汽车保险杠的修复工艺

**Task 6**

 学习目标

完成本学习任务后,你应当达到如下目标:

1. 知识目标
1) 熟悉汽车用塑料的分类和主要特性。
2) 正确叙述保险杠修复流程。

2. 能力目标
1) 能对前保险杠进行矫正和焊接。
2) 正确掌握各种修复工具的使用方法。
3) 会使用所学知识对不同车型的保险杠进行焊接修复操作。

3. 养成目标
1) 养成保持驾驶室干净卫生的作业习惯。
2) 养成工作注意细节的习惯。

 建议学时

建议完成本学习任务的时间为 14 课时。

 一、知识准备

由于在减轻质量、减低制造成本、耐腐蚀等方面对所用材料的要求越来越高,钢材等传统材料使用得越来越少,而铝合金和塑料的应用不断增多。目前,有的车身使用的塑料部件超过 160kg,这相当于车辆质量的 12%。

**引导问题一** 汽车前保险杠由什么制成?

根据制造材料的不同,保险杠材料可以分为钢材、铝合金、玻璃纤维增强的塑料和塑

料等类型。钢材保险杠主要应用于货车，玻璃纤维增强塑料保险杠一般应用于中小型客车。玻璃纤维增强塑料俗称玻璃钢，它是以玻璃纤维及其制品作为增强材料，以合成树脂为基体材料的一种复合材料。铝合金保险杠一般用于越野车和小型客车。塑料代替金属可以获得轻量化的效果，又可改善汽车的某些性能，因此绝大多数轿车目前使用的是塑料保险杠。

塑料是以合成树脂为基体，并加入某些添加剂制成的高分子材料。加入添加剂是为了改善塑料的性能，扩大其使用范围。

**引导问题二** 汽车用塑料的类型有哪些？

车身区域使用的塑料类型主要为3种：热固性塑料、热塑性塑料、弹性体塑料。这些塑料件的维修方法各不相同。

（1）热固性塑料

热固性塑料开始时以液体形式存在，见表6-1所示，在受热和使用催化剂的情况下发生化学反应。随着加热的进行，塑料中的树脂分子不断增加，最后达到硬化。硬化后如果再加热，它就不会再软化了。因此这类材料多用于制作一次性成型不需要修复的零件。这类塑料耐热性好，受压不易变形，但力学性能较差。热固性塑料件修复时只能黏结不能焊接，但可以在无气流焊机上进行"焊合"。常用的热固性塑料有环氧树脂、酚醛树脂、氨基树脂、有机硅树脂等。

表6-1 热固性塑料类型、缩写、特性和应用示例

| 塑料类型 | 缩写 | 特性 | 应用 |
| --- | --- | --- | --- |
| 聚氨酯 | PU | 减振、弹性较好、导热性较弱 | 密封剂、吸收能量材料 |
| 环氧树脂 | EP | 耐热、强度高、耐风蚀 | 点火线圈外层、印制电路板 |
| 聚酯树脂 | UP | 耐热、强度高、耐风蚀 | 点火线圈外层、印制电路板 |
| 玻璃纤维 | SMC | 耐热、强度高且尺寸稳定 | 行李箱盖、侧围、车顶 |

（2）热塑性塑料

热塑性塑料较为常见，见表6-2所示，塑料受热时会软化具有热塑性，冷却时会硬化，重复加热和冷却，不会改变其性质，但它的力学性能会有所下降。这类塑料可以利用它受热软化和冷却硬化的特性，制成各种形状的零部件。热塑性塑料件修复时可用塑料焊枪焊接，也可黏结。常用的热塑性塑料有聚乙烯、聚氯乙烯、聚甲醛、聚苯乙烯、聚酰胺等。

（3）弹性体塑料

弹性体塑料是一种形状稳定、具有弹性变形特性的塑料，见表6-3所示，例如车门密封件的材料。按规定不得维修车辆上的弹性体塑料，应更换已损坏的部件。

学习任务六　汽车保险杠的修复工艺

表6-2　热塑性塑料类型、缩写、特性和应用示例

| 塑料类型 | 缩写 | 特性 | 应用 |
| --- | --- | --- | --- |
| 聚丙烯 | PP | 较好的强度和耐化学腐蚀性 | 保险杠、车内饰板 |
| 聚乙烯 | PE | 耐老化和耐化学腐蚀性 | 燃油箱、洗涤液储液罐 |
| 聚氯乙烯 | PVC | 耐腐蚀 | 底部耐蚀层、车内饰板 |

表6-3　弹性体塑料类型、缩写、特性和应用示例

| 塑料类型 | 缩写 | 特性 | 应用 |
| --- | --- | --- | --- |
| 聚氨酯 | PU | 减振、弹性较好、导热性较弱 | 座垫、车顶内衬 |
| 硅 | SI | 较高的弹性、耐热性 | 盖板、安全带、安全气囊 |
| 聚酯 | PET | 抗拉强度、刚度、较好的阻隔作用 | 织物、安全带、安全气囊 |

**引导问题三**　塑料的主要特性有哪些？

塑料具有许多优良的物理和化学性能，主要有以下几点：

1）质量轻。塑料的密度一般只有 $1.0 \sim 2.0 \mathrm{g/cm^3}$，可以大幅度减轻汽车的质量，降低油耗。

2）化学稳定性好。一般的塑料对酸、碱、盐和有机溶剂都有良好的耐腐蚀性。

3）比强度高。比强度是指单位质量的强度。尽管塑料的强度要比金属低，但塑料密度小，质量轻，与等质量金属相比，其比强度要高。

4）电绝缘性好。大多数塑料有良好的电绝缘性，汽车电器零件广泛采用塑料作绝缘体。

5）耐磨、减摩性好。大多数塑料的摩擦系数较小，耐磨性好，能在半干摩擦甚至无润滑条件下良好的工作。

6）吸振性和消声性好。采用塑料轴承和塑料齿轮的机械，在高速运转时，可平稳转动，大大减小噪声、降低振动。

同时，塑料也存在很多缺点：与钢材相比，其力学性能较低；耐热性较差；导热性差；容易吸水，吸水后性能恶化。此外，塑料还有易老化、易燃烧、温度变化时尺寸稳定性能差等缺点。

**引导问题四**　如何正确鉴别塑料件的材料种类？

不同车型所用的塑料不尽相同，即使是同一车型的汽车也是如此，通常是因为厂家更换了塑料供应商，或者是改变了设计和生产工艺。因此，在对汽车塑料钣金件进行修理前，应对塑料进行鉴别，以确定最佳的修理方案。

（1）查看 ISO 识别码

现在越来越多的工厂使用 ISO 识别码，鉴别时可查看压制在塑料件上的国际标准符号，即ISO识别码。一般情况下，要将零件拆下后才能看到所标的代码，如图6-1所示。

图6-1 ISO识别码

（2）查阅车身维修手册

对于那些没有标注国际标准符号的零件，必须查阅车身维修手册，手册中一般都标准了每个塑料件所用的材料。但要注意这种手册会经常更新，一般每年两次，因此对于新型汽车，非常重要的是应查阅最新版的车身维修手册。

（3）燃烧测试法

可以利用热固性塑料燃烧时不会产生熔滴，而热塑性塑料燃烧时会产生熔滴来确定塑料的种类，如图6-2所示。

图6-2 使用燃烧法判断热塑性塑料与热固性塑料

**引导问题五** 怎样确定保险杠是维修还是更换？

根据前保险杠的损坏程度，可以分为轻度损坏、中度损坏和严重损坏。保险杠轻度损坏一般是指保险杠表面刮痕。保险杠中度损坏，一般是指保险杠变形不大的损坏，例如裂缝、撕裂、凹槽或穿孔等。保险杠因为更换成本较高，对其轻度损坏和中度损坏维修是合理的。保险杠严重损坏后，保险杠损坏面积较大或裂纹较多，缓冲材料及前横梁也可能损坏，此时，应将前保险杠总成进行更换。总而言之，当维修成本超过或接近新部件的成本时，应选择更换保险杠总成。

## 学习任务六 汽车保险杠的修复工艺

**引导问题六** 塑料焊接修复时需要注意哪些问题？

对于汽车保险杠一般采用焊接的维修工艺，有变形的保险杠还需要加热矫正。塑料件焊接一般选择图6-3所示热空气塑料焊枪，热空气塑料焊枪喷嘴较小，喷出的热量比较集中，适用于焊接。它能加热温度至230～340℃，通过喷嘴喷到塑料上。加热矫正需要选择图6-4所示的热空气枪，热空气枪喷嘴较大，喷出的热量比较分散，适用于加热矫正。

图6-3 热空气塑料焊枪

图6-4 热空气枪

塑料焊接和钢铁焊接是不相同的，钢铁焊接是金属和焊条互熔冷却连接在一起，而塑料焊接时利用热量把塑料基料和焊条加热，或单独把焊条加热至熔融状态后使之黏结在一起。

1）因塑料的导热性极差，容易烧焦，所以在焊接时都是采用非明火加热。
2）焊接时，为了达到好的结合力，对塑料焊条要施加压力。

### 小提示

1）保险杠被撞坏，需要检查与保险杠相连的前照灯、保险杠支架、翼子板等零部件。
2）热空气塑料焊枪工作时，温度极高，必须戴好安全手套，以防烫伤。
3）打磨时有较大粉尘，必须戴上口罩。

## 二、技术标准与要求

1. 参训学员必须穿戴必要的劳保用品，以免发生意外事故。
2. 作业前必须用抹布清洁工作表面的污物、油渍等，防止焊接后产生焊接缺陷。
3. 焊接过程中调整好热空气塑料焊枪与修复工件表面的角度、距离、焊接时间，以免焊接不充分或造成焊接缺陷。
4. 由于热空气塑料焊枪、电烙铁等均为高温工具，在非操作状态中应将工具放置在规定位置，并关闭开关。

## 实训器材

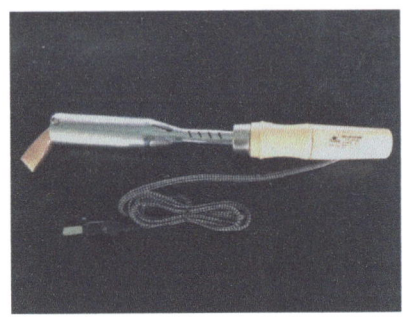 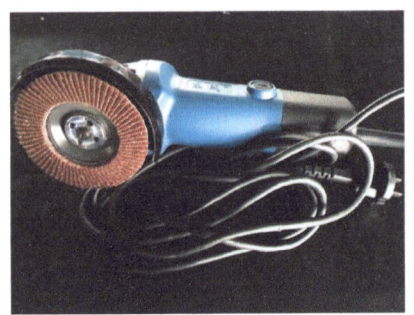

电烙铁　　　　　　　　　　　　砂轮机

 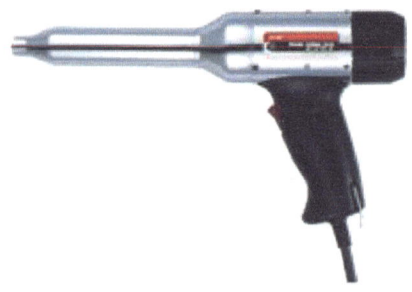

除油布　　　　　　　　　　　热空气塑料焊枪

## 教学组织

1. 教学组织形式

每辆车安排 4 名学生参与实训,两名学生一组,一组操作,一组观察学习。

2. 学生站位分工和要求

两名学生一组,按照 1 号、2 号进行编号,1 号为主,2 号为辅助。

3. 实训教师职责

讲解操作步骤和注意事项;下达"操作开始"口令;工位间巡视、检查、指导和纠正错误。

4. 学生职责变换

两名学生实行职责变换制度,即第一遍 1 号为主,2 号辅助;第二遍 2 号为主,1 号辅助。

学习任务六　汽车保险杠的修复工艺

## 三、工艺流程

**第一步　确认损伤区域**

| | |
|---|---|
| 在维修操作前确认损伤程度，并制订修复计划。 | |

**第二步　操作前准备**

1. 2号学生将电烙铁传递给1号学生。

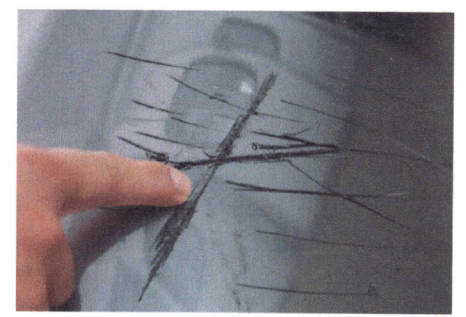

2. 1号学生将电烙铁与电源连接，打开开关，使其加热至规定温度。

提示：

电烙铁加热过程中不得用手触碰金属表面，以免烫伤。

3. 2号学生将热空气塑料焊枪传递给1号学生。

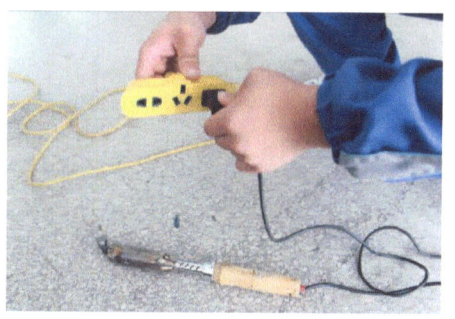

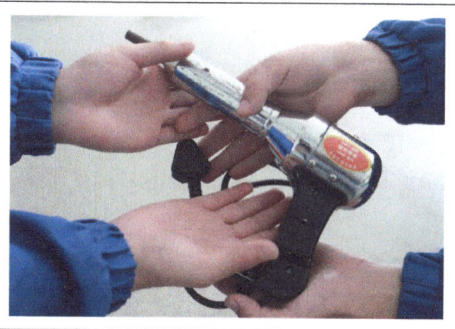

（续）

| | |
|---|---|
| 4. 1号学生将热空气塑料焊枪与电源连接，放置在规定位置。 |  |
| 5. 2号学生将气动打磨机传递给1号学生。 | 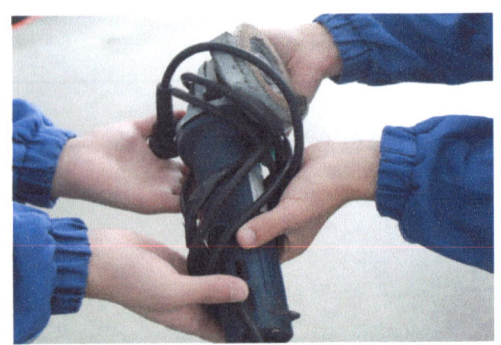 |
| 6. 1号学生连接气动打磨机。<br>提示：<br>一只手张开握住气动打磨机，另一只手将气路快速接口对准气动打磨机快速接头，用力往里按（气体压力较大，接入时要稳、准）。 |  |
| 7. 1号学生对保险杠所需修复处进行表面清洁。<br>提示：<br>清洁所需修复表面，以便更好进行修复作业。 | 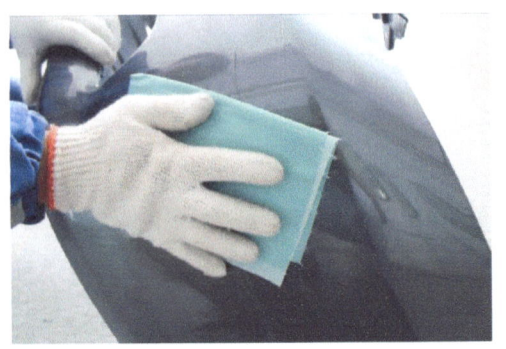 |

## 学习任务六　汽车保险杠的修复工艺

### 第三步　表面预处理

1. 1号学生使用气动打磨机对损伤区域表面进行预处理，清洁表面漆层。

2. 1号学生使用电烙铁对损伤区域进行坡口处理。

 提示：

使用电烙铁在保险杠损伤区域处进行开槽，以便塑料焊条焊接。

### 第四步　塑料焊接修复

1. 1号学生将焊条端部切成60°的切口。

2. 1号学生打开焊枪开关，将焊枪加热，并对焊缝处及焊条进行加热。

 提示：

操作过程中，焊嘴离焊缝12～13mm，焊枪倾斜角为30°，焊条垂直于焊缝处。

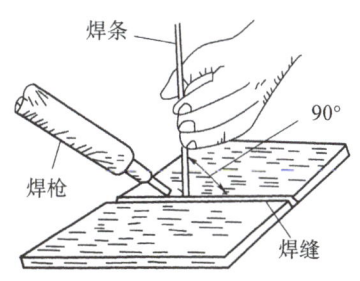

（续）

3. 当焊条与焊缝处同时被加热到发光并带有黏性，此时先进行定位焊，然后再进行修复焊接。

 提示：

焊接过程中，右手使用焊枪对准焊条与焊缝处进行加热。左手将焊条匀速向前送进。

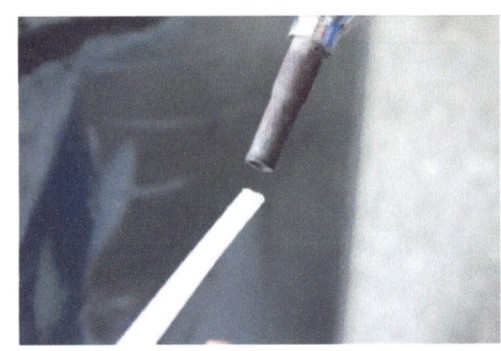

4. 结束焊接时，迅速加热焊条和焊接接触区域，停止焊条移动，拿开焊枪，并继续保持对焊条的压力直到焊缝冷却后拧断焊条。

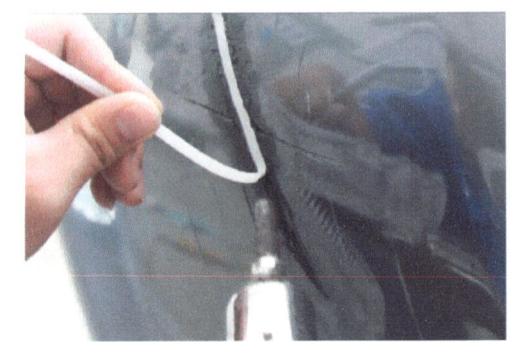

### 第五步　打磨

1. 1号学生使用打磨机，进行表面打磨。

 提示：

在打磨之前，应先用小刀把多余的塑料、焊条去除。打磨时用注意不要引起过热，以免塑料变形。为了加快打磨的速度而又不致损坏焊缝，可以定时加水进行冷却。

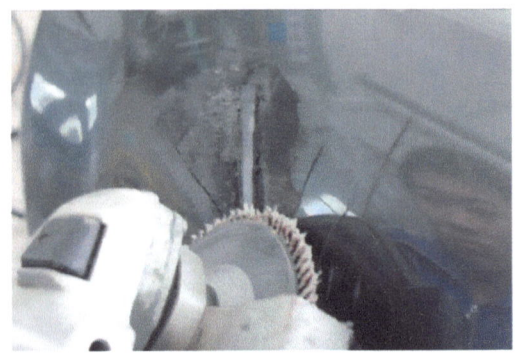

2. 打磨结束后，1号学生目测焊缝是否有缺陷，焊缝不应该有气孔和裂纹。

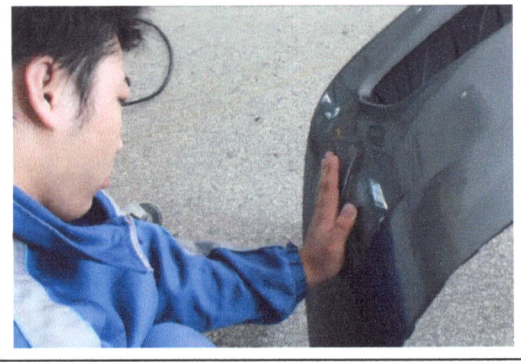

学习任务六 汽车保险杠的修复工艺

### 第六步 清洁整理工具、工位

1号学生2号学生配合将工具、个人防护用品放回工作平台，整理平台上的工具和防护用品。

## 四、课后练习

1. 汽车上哪些部件是用塑料制成的？如何鉴别塑料件的种类？

2. 怎样判断保险杠是修理还是更换？如何修理？

3. 实训小结。

## 五、操作能力考核表

### 考核表标准（满分100分，时间共20 min）

| 考核时间 | 序号 | 考核项目 | 满分 | 评分标准 | 得分 |
|---|---|---|---|---|---|
| 20min | 1 | 确认损伤程度 | 15 | 未确认损伤程度扣15分 | |
| | 2 | 安全防护用品的使用情况 | 4 | 操作时不戴手套扣4分 | |
| | | | 4 | 操作时不穿安全鞋扣4分 | |

93

(续)

| 考核时间 | 序号 | 考核项目 | 满分 | 评分标准 | 得分 |
|---|---|---|---|---|---|
| 20min | 3 | 工具使用情况 | 8 | 未正确使用电烙铁、热空气塑料焊枪、气动打磨机扣8分 | |
| | 4 | 对保险杠所需修复处进行表面清洁 | 10 | 未正确进行表面清洁扣10分 | |
| | 5 | 对损伤区域表面进行预处理 | 20 | 未正确进行表面预处理扣20分 | |
| | 6 | 对损伤区域进行坡口处理 | 10 | 未正确进行坡口处理扣10分 | |
| | 7 | 进行定位焊 | 10 | 未正确进行定位焊扣10分 | |
| | 8 | 进行表面打磨 | 9 | 未正确进行表面打磨扣9分 | |
| | 9 | 超过规定操作时间 | 10 | 每超时1min扣2分,扣完为止 | |
| | 10 | 遵守相关安全规范 | | 因违规操作造成人身和设备事故的,总分按0计分 | |
| | | 分数合计 | 100 | | |

# 学习任务七

## 传统焊接工艺

**Task 7**

## 学习目标

完成本学习任务后，你应当达到如下目标：

1. 知识目标

1）了解传统焊接工艺的种类和方法。
2）正确掌握传统焊接工艺在车身上的使用特性。

2. 能力目标

1）规范掌握手工电弧焊焊接工艺。
2）掌握氧乙炔焊接的基本调节、操作方法。

3. 养成目标

1）培养严谨的工作态度。
2）塑造职业道德。

## 建议学时

建议完成本学习任务的时间为14课时。

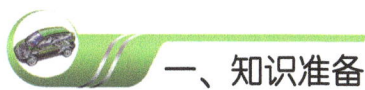

## 一、知识准备

焊接是对焊件进行局部或整体加热，使焊件产生塑性变形、熔化，形成焊件间的原子结合，从而实现永久连接的工艺方法。

车身组件多由钢板或型钢构成，常用的焊接方法有气体保护焊、电阻定位焊、气焊、手工电弧焊等。但随着高强度钢板和铝合金等金属在车身板件上的普遍使用，气焊和手工电弧焊要避免使用。焊接具有节省钢材、操作简单、密封性能好等优点。

**引导问题一** 焊接工艺的分类有哪些？

从大的方面焊接工艺可分为压焊、熔焊和钎焊，如图7-1所示。

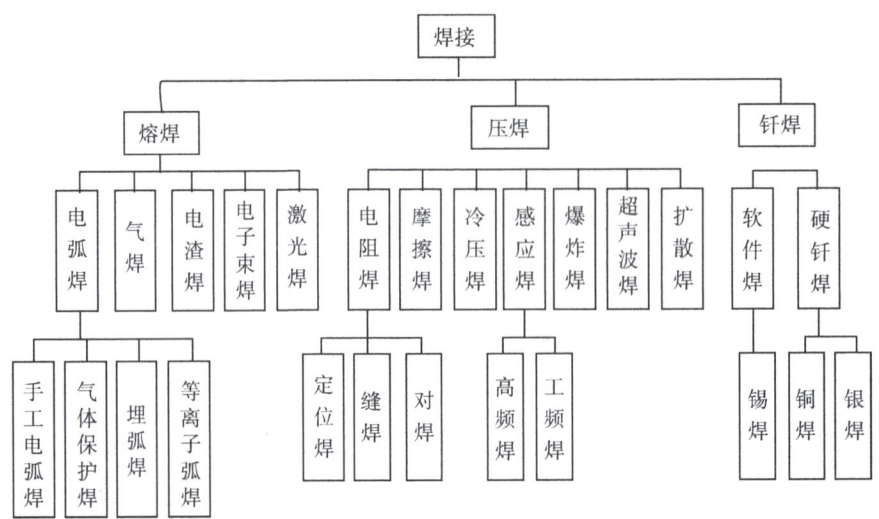

图7-1 焊接的种类

（1）压焊

焊接过程中，必须对焊件施加压力（加热或不加热），以完成焊接的方法称为压焊。

常用的压焊方法有电阻点焊（凸焊、定位焊、缝焊）、摩擦焊、超声波焊等。电阻点焊是车身上应用较多的焊接方法。

（2）熔焊

焊接过程中，将焊件接头加热至熔化状态，不加压力完成焊接的方法称为熔焊。

1）气焊：利用可燃气体与氧气混合燃烧的火焰所产生的高热熔化焊件和焊丝而进行金属连接的一种焊接方法。

2）电弧焊：利用电弧放电时产生的热量（5000℃）熔化焊条和焊件，从而获得牢固接头的焊接过程。按照电极是否熔化分为熔化极电弧焊和非熔化极电弧焊。

（3）钎焊

焊接过程中，采用比母材熔点低的金属材料作钎料，将焊件和钎料加热到高于钎料熔点、低于母材熔点的温度，利用液态钎料润湿母材，填充接头间隙并与母材相互扩散实现连接焊件的方法称为钎焊。

**引导问题二** 常用的焊接方法有哪些？

1）手弧焊：以外部涂料的焊条作电极和填充金属，电弧是在焊条的端部和被焊工件表面之间燃烧。涂料在电弧热作用下一方面产生气体以保护电弧，另一方面可以产生熔渣覆盖在熔池表面，防止熔化金属与周围气体相互作用。熔渣最主要的作用是与熔化金属产生物理化学反应或添加合金元素，改善焊缝力学性能。

## 学习任务七 传统焊接工艺

2）埋弧焊：是以连续送丝的焊丝作为电极和填充金属。焊接时，在焊接区的上面覆盖一层颗粒状焊剂，电弧在焊剂层下燃烧，将焊丝端部和局部母材熔化形成焊缝。埋弧焊可以采用较大的焊接电流。与手弧焊相比，其焊缝质量好，焊接速度高。因此，多用于机械化焊接。

3）钨极气体保护电弧焊：这是一种不熔化极气体保护焊，是利用钨极和工件之间的电弧金属熔化而形成焊缝。焊接过程中钨极不熔化，只起电极的作用。同时由焊炬的喷嘴送进氩气或氦气做保护。还可以根据需要另外添加金属。在国际上简称为 TIG 焊。

4）熔化极气体保护电弧焊：是利用连续送进的焊丝与工件之间的电弧作热源，由焊炬喷嘴喷出的气体完成保护作用，来进行焊接。通常用的保护气体有氩气、氦气、$CO_2$ 或这些气体的混合。

以氩气或氦气为保护气体时称为熔化极惰性气体保护电弧焊，在国际上简称为 MIG；以惰性气体与氧化性气体混合成保护气体，或以 $CO_2$ 或 $O_2$ 混合气为保护气体时，统称为熔化极活性气体保护电弧焊，在国际上简称 MAG。

5）等离子弧焊：也是一种不熔化极电弧焊，是利用电极和工件之间的等离子弧实现焊接的。所用的电极通常是钨极。焊接时可以外加填充金属，也可以不加填充金属。

6）定位焊：使工件处在一定电极压力作用下，并利用电流通过工件时所产生的电阻热将两工件之间的接触表面熔化而实现连接的焊接方法。定位焊通常使用较大的电流。

### 小提示

什么是电弧？

电弧指两电极之间的气体介质产生强烈而持久的放电现象。其实质是一种局部气体放电现象。电弧放电的同时，会产生高热和强光。这就是电弧的光、热特性。

 氧乙炔焊接的设备有哪些？其火焰类型有几种？

#### 1. 氧乙炔焊接的设备

氧乙炔焊接设备包括氧气瓶、调节器、焊枪、减压器、回火防止器、气体压力表、乙炔瓶及橡胶管等。

#### 2. 氧乙炔火焰的类型

氧乙炔火焰分三种类型：中性焰、碳化焰、氧化焰，如图 7-2、图 7-3 所示。

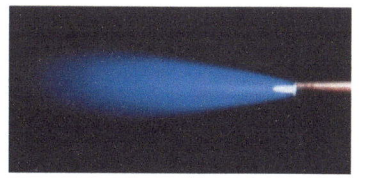

a) 中性焰　　　　b) 碳化焰　　　　c) 氧化焰

图 7-2　氧乙炔火焰的种类

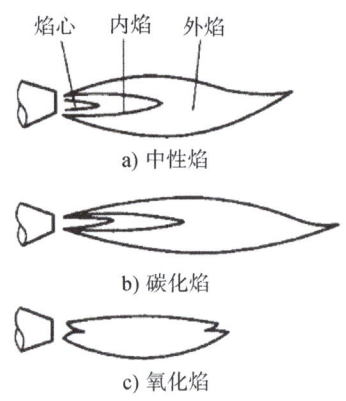

图 7-3 氧乙炔火焰的种类

（1）中性焰（标准火）

氧、乙炔比例为 1∶1（按体积计算），焰心呈尖锥形，白色而明亮，轮廓清楚。焰心温度较低，一般为 800～1200℃。内焰呈蓝白色，内焰处在焰心前 2～4mm 部位，燃烧最激烈，温度较高，可达 3000～3200℃。这个区域最合适焊接。

中性焰在燃烧时生成的一氧化碳及氢气，能与金属中的氧作用使熔池中的氧化铁还原，焊缝质量比较优良。

（2）碳化焰（还原焰）

碳化焰的氧气少于乙炔的含量，焰心较长，呈蓝白色。内焰呈淡蓝色，它的长度与碳化焰内乙炔的含量有关。外焰带有橘红色。碳化焰 3 层火焰之间没有明显轮廓。碳化焰的最高温度为 2700～3000℃。

（3）氧化焰

氧气多于乙炔的含量，整个火焰具有氧化性，焰心短而尖，内焰很短，几乎看不到，外焰呈蓝色，火焰挺直，燃烧时发出急剧的"嘶嘶"声。氧化焰的比例较大，则整个火焰就越短，噪声也就越大。氧化焰的最高温度可达 3100～3400℃。

过多的氧和铁发生作用生成氧化铁，使钢的性质变坏、脆化，熔池的沸腾现象也比较严重。一般材料的焊接，绝不能采用氧化焰。但可用于焊接黄铜和锡青铜。气割时，通常使用氧化焰。

**引导问题四** 手工电弧焊是怎么实现焊接作业的？如何正确进行焊接作业？

### 1. 手工电弧焊的工作原理

手工电弧焊是利用电弧放电时所产生的热量作为热源，加热、熔化焊条和焊件并使之相融合，形成牢固接头的焊接过程。

### 2. 手工电弧焊的基本操作

（1）引弧

引弧时，焊条末端（焊芯金属）与工件接触而发生短路，由于接触面实质上只是某些

## 学习任务七 传统焊接工艺

点的接触,因此强大的短路电流通过这些接触点时,产生了大量的电阻热,使焊条与工件的接触部分因温度急剧升高而熔化。当焊条稍抬起后,焊条与工件两电极间的空气便在高温、电场的作用下发生剧烈电离,从而产生焊接电弧。

(2) 运条

起弧后,按照焊缝的状况操作焊条的方式称为运条,传统的运条方法如图7-4所示。

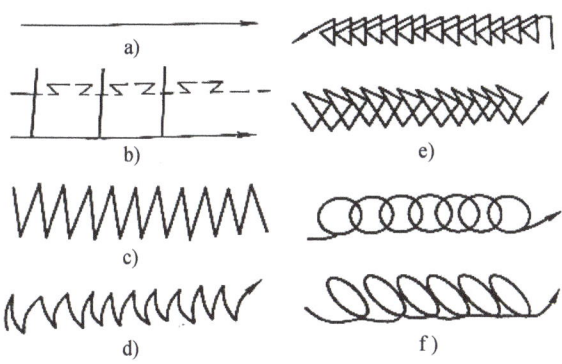

图7-4 传统焊接工艺的焊接运条方法

焊条要与焊件成70°~80°,并不断向熔池送进,同时沿焊缝均匀横向摆动和向前移动。

(3) 焊缝的连接和收尾

焊接较长的焊缝时,需要几条焊条才能完成焊缝的焊接,为了获得均匀、连续的焊缝,在每根焊条或焊缝的结尾处,应做一个收尾动作。常用的收尾方法有划圈法和反复断弧法。

(4) 熔渣的清理和焊缝的检验及补焊

1) 焊件的冷却:在刚刚焊过的焊缝处覆盖的焊渣温度很高,为了保证焊缝的质量,不能立即清除,要等焊件冷却后才能清除,防止烫伤。

2) 焊缝上的熔渣的清除:用清渣锤从焊缝的一端轻轻敲击冷却了的熔渣壳,残余细小的熔渣则用钢丝刷清理,直到清除干净。

3) 焊缝的检验:对清渣后的焊缝进行观测,检查是否存在夹渣、焊穿、未焊透等焊接缺陷;焊缝长25~38mm,正面宽不超过10mm,高不超过5mm。

4) 补焊:焊缝质量检查后,对能够实施补焊的有缺陷的焊缝,应立即进行补焊。

### 引导问题五 手工电弧焊的焊接注意事项有哪些?

1) 焊接前,应穿戴好面罩、焊接手套、绝缘鞋,检查焊接设备和工具是否安全。

2) 改变焊机接头、移动工作地点,及焊机发生故障需检修时要拉下电源开关。推拉电源开关时带焊接手套、头要偏离闸门,以防电弧火花灼伤脸部。

3) 在狭小地方焊接时,要穿好绝缘鞋,并要两个操作者轮换工作,一人监护操作者,遇有危险征象时,立即切断电源进行处理。

4) 加强个人防护,高空作业时,不要触及高压线;雨天不要露天焊接。

5) 在厂房内施焊,必须保证在焊接过程中所产生的有害物质及时排放,原则上还应进行净化处理。焊接切割时，在有风的情况下，应在上风处焊割。焊接旧车件时，油气层在高温下燃烧产生有毒气体，刺激口鼻眼睛，产生口腔刺痛，应尽量使用长焊条，保证人体与焊池距离要远。

## 二、技术标准与要求

1. 电焊机的外壳和工作台，必须有良好的接地。
2. 电焊机空载电压应在60～90V。
3. 电焊设备应使用带保险装置的电源刀闸，并应装在密闭箱内。
4. 当焊接设备与电源网路接通后，人体不应接触带电部分。
5. 在室内或露天现场施焊时，必须在周围设挡光屏，以防弧光伤害工作人员的眼睛。
6. 焊工必须配备合适滤光板的面罩、干燥的帆布工作服、橡胶绝缘手套和防护白光眼镜等安全用具。
7. 焊接绝缘软线不得少于5m，湿焊时软线不得搭在身上，地线不得踩在脚下。

## 实训器材

手工电弧焊机

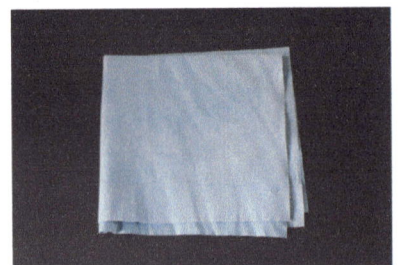

除油布

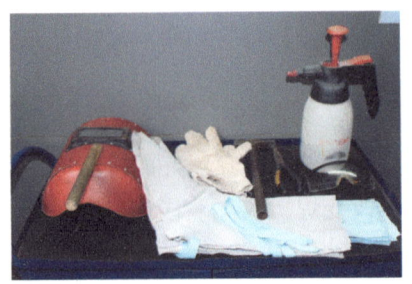

面罩、手套、锤子、护腿、
焊钳、护目镜、喷水器等

学习任务七 传统焊接工艺

## 教学组织

**1. 教学组织形式**

每辆车安排4名学生参与实训,两名学生一组,一组操作,一组观察学习。

**2. 学生站位分工和要求**

两名学生一组,按照1号、2号进行编号,1号为主,2号为辅助。

**3. 实训教师职责**

讲解操作步骤和注意事项;下达"操作开始"口令;工位间巡视、检查、指导和纠正错误。

**4. 学生职责变换**

两名学生实行职责变换制度,即第一遍1号为主,2号辅助;第二遍2号为主,1号辅助。

## 三、工艺流程

**第一步 操作准备**

1. 清洁场地。

2. 按照规定穿好防护工作服、工作裤、绝缘鞋,戴好电焊手套。

💡 提示:

在手工电弧焊操作过程中会产生大量火花飞溅物,所以在操作过程中,必须按要求穿戴防护用具。

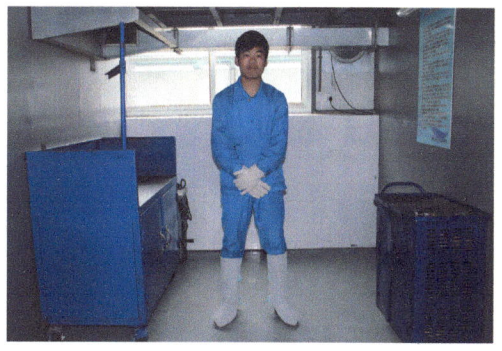

(续)

3. 清洁板件。

提示：

用除油剂清洁板件表层的污垢、锈斑和腐蚀物等。然后用除油布将板件表层擦拭干净。

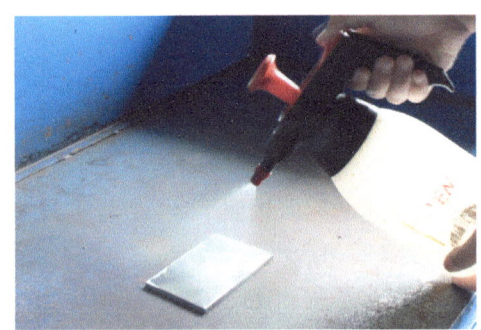

4. 将板件按规定放置于操作台上。

提示：

板件应放置于同一平面上，不得高低不平，否则会影响其焊接质量。

5. 戴好护目镜，拿好电焊面罩。

提示：

在手工电弧焊操作过程中会产生大量有害气体和金属烟尘，长期吸入将严重影响维修作业人员身体健康，所以在操作过程中必须按要求佩戴防护用具。

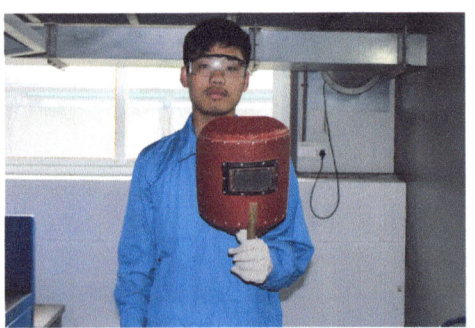

学习任务七 传统焊接工艺

### 第二步 仪器的准备

1. 将手工电弧焊机与电源相连接,打开开关总阀。

提示:
连接前检查电源线及电源插头,有无损坏。

2. 打开手工电弧焊机开关。

提示:
ON-----开
OFF-----关

3. 调整电流。

提示:
不同厚度的板件与不同规格的焊条在焊接过程中电流有所不同,所以在焊接前需调整好电流。

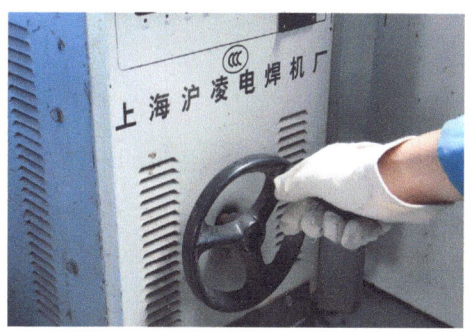

4. 连接地线。

提示:
为得到较好的焊接质量,地线应尽可能靠近所焊接的板件。

103

### 第三步 连接焊条

1. 选择焊条。

 提示：

不同材料、厚度的板件，选用的焊条规格、种类不同。

2. 将焊条连接至焊钳上（水平45°~90°连接），要求连接牢靠。

### 第四步 板件焊接

1. 确认防护用品佩戴齐全，负极接地，电缆线无缠绕。

2. 引弧。

 提示：

根据板件厚度，可适当选择采用划擦引弧法或敲击引弧法。

操作要领：
1）焊条要迅速提起，否则会粘在焊件上；若产生粘条，可将焊条左右摆动，然后立即拉下。
2）焊条不能提起太高，都则会灭弧。
3）若焊条划擦焊件时不能起弧，可将焊条在焊件上重敲几下，清除焊条端部的药皮后，即可引弧。

3. 定位焊接。

 提示：

对焊接板件进行定位焊，防止板件在焊接过程中移动。

## 学习任务七 传统焊接工艺

(续)

4. 将定位焊后的板件反向放在焊接工位上（就是定位焊点朝下），开始焊接。

 提示：

在焊接过程中，应注意运条方式、焊条与焊件的角度及焊接速度。

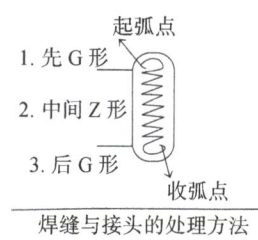

焊缝与接头的处理方法

运条方式：

1）直线运条法。2）直线往复运条法。3）锯齿形运条法。
4）月牙形运条法。5）三角形运条法。6）环形运条法。

焊条要与焊件呈 70°~80°，并不断向熔池送进，同时沿焊缝均匀横向摆动和向前移动。

5. 收弧。

 提示：

根据板件的厚度，适当选择采用划圈法和反复断弧法进行收弧操作。

划圈法：对于较厚的焊件要进行划圈法收弧。在焊缝结尾处，焊条停止向前移动，同时划圈，直到填满弧坑时，在慢慢提起焊条熄弧。

反复断弧法：对于较薄的焊件进行反复断弧法收弧。当焊条焊到焊缝结尾处，应在较短的时间内，反复熄火和点燃电弧数次，直到填满弧坑为止。

### 第五步 熔渣的清理与焊缝的检查及补焊

1. 焊件的冷却。

 提示：

刚焊过的焊缝处覆盖的熔渣温度较高，为保证焊缝质量，不能立即清除，且需在清除时防止烫伤。

(续)

2. 焊缝上熔渣的清除。

提示：

用清渣锤从焊缝一端轻轻敲击冷却了的熔渣壳，残留细小的熔渣可用钢丝刷清理，直到清除干净。

3. 焊缝的检验。

提示：

对清渣后的焊缝进行观测，检查是否存在夹渣、焊穿、未焊透等焊接缺陷；焊缝长 25～38mm，正面宽不超过 10mm，高不超过 5mm。

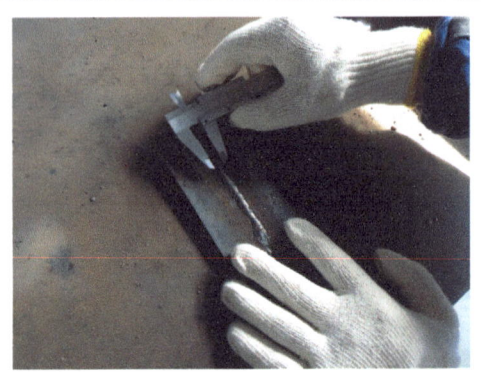

4. 补焊。

提示：

焊缝质量检查后，对能够实施补焊的有缺陷的焊缝，应立即进行补焊。

5. 注意事项。

提示：

在手工电弧焊机开启状态下，不得将焊钳或夹有焊条的焊钳放置金属桌面上，必须统一放置在面罩中再放置到地面上。

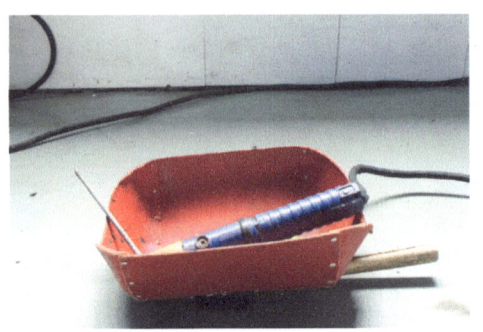

## 学习任务七 传统焊接工艺

### 第六步 整理工具

1. 关闭手工电弧焊焊机电源开关。

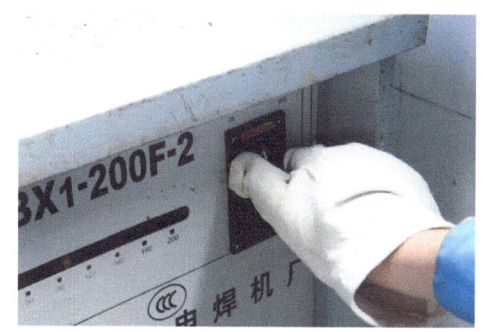

2. 关闭总开关,并拔下手工电弧焊接电源插头。

3. 将剩余的焊条从焊钳上取下。

 提示:
由于焊条处于高温下进行工作,取下时必须使用工具。

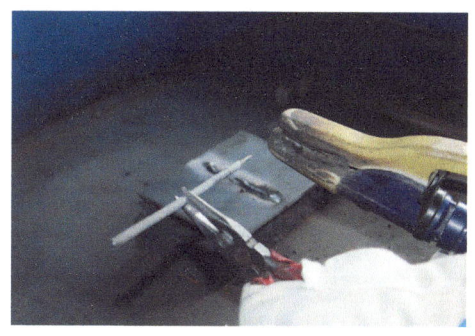

4. 将地线、焊炬按规定缠绕放置在规定位置。

 提示:
电源线、焊接线、地线应依次缠绕,避免其相互缠绕在一起。

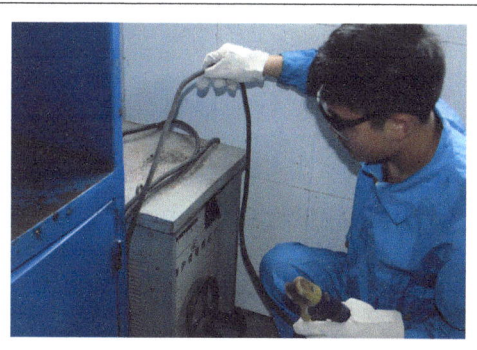

（续）

| | |
|---|---|
| 5、清洁焊接工作台。 |  |
| 6. 将防护用具、工具放置在规定位置。 | 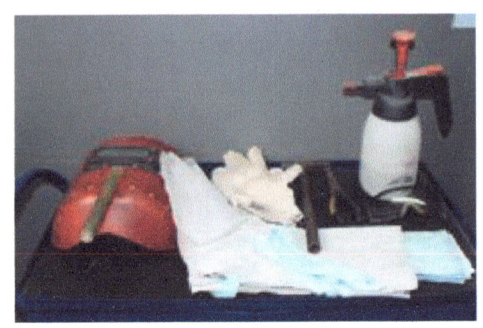 |

## 四、课后练习

1. 焊接工艺具体可分为哪些种类？简单介绍手工电弧焊。

2. 氧乙炔焊接的火焰有几种？其有何区别？

3. 手工电弧焊操作的基本步骤有哪些？

4. 实训小结。

## 五、操作能力考核表

考核表标准（满分 100 分，时间共 20 min）

| 考核时间 | 序号 | 考核项目 | 满分 | 评分标准 | 得分 |
|---|---|---|---|---|---|
| 20min | 1 | 清洁场地 | 6 | 酌情扣分 | |
| | 2 | 安全防护用品的使用情况 | 4 | 操作时不戴手套扣 4 分 | |
| | | | 4 | 操作时不穿安全鞋扣 4 分 | |
| | 3 | 清洁板件 | 6 | 未正确清洁板件扣 6 分 | |
| | 4 | 仪器准备 | 10 | 未正确准备仪器扣 10 分 | |
| | 5 | 选择焊条 | 8 | 未正确选择焊条扣 8 分 | |
| | 6 | 引弧 | 8 | 未正确引弧扣 8 分 | |
| | 7 | 定位焊接 | 6 | 未正确定位焊接口 6 分 | |
| | 8 | 收弧 | 8 | 未正确收弧扣 8 分 | |
| | 9 | 焊缝上熔渣的清除 | 8 | 未正确清除焊缝上熔渣扣 8 分 | |
| | 10 | 检验焊缝 | 8 | 未正确检验焊缝扣 8 分 | |
| | 11 | 补焊 | 6 | 未正确补焊扣 6 分 | |
| | 12 | 整理工具 | 8 | 未整理工具扣 8 分 | |
| | 13 | 超过规定操作时间 | 10 | 每超过 1min 扣 2 分，扣完为止 | |
| | 14 | 遵守相关安全规范 | | 因违规操作造成人身和设备事故的，总分按 0 计分 | |
| | | 分数合计 | 100 | | |

# 学习任务八

## 二氧化碳气体保护焊的焊接工艺

Task 8

 学习目标

完成本学习任务后，你应当达到如下目标：

1. 知识目标

1）掌握气体保护焊的种类和焊接原理。

2）了解气体保护焊在车身修复中不同焊接板件的连接方式，掌握在修复和作业练习中各种夹紧夹持工具的作用。

2. 能力目标

1）熟悉作业中气体保护焊焊接设备的操作方法，包括主电源开关、焊接电流、送丝速度、气瓶气体调节阀、喷嘴及导电嘴、焊丝和送丝机构、焊枪和接地的安全操作和调节控制方法。

2）正确掌握各种工具、量具的使用方法。

3）正确学会基本的焊接工艺。

4）会使用二氧化碳（$CO_2$）气体保护焊焊机对覆盖件进行正确的焊接工艺操作。

3. 养成目标

1）树立维护客户利益的观念。

2）培养良好的服务品质意识。

 建议学时

建议完成本学习任务的时间为 18 课时。

 一、知识准备

随着汽车技术的不断发展，汽车钣金修复工艺的要求也越来越高了。汽车车身是由薄钢板经过冲压制成复杂的形状，通过多种不同的焊接和连接的方式，把车身构成一个整体，这

## 学习任务八 二氧化碳气体保护焊的焊接工艺

种设计是为了提高驾驶人的安全性。随着时代的变化,在汽车车身的材料使用方面,各汽车生产厂家有了巨大的变化,在20世纪70年代中期前,汽车车身使用低碳钢制造,但从20世纪70年代中期以后,人们对于车身抗撞击的要求不断提高,因此开始使用单面和双面镀锌板材、超高强度钢和铝材。尤其是在日本和欧洲的一些国家,高强度低合金钢的使用进一步减少了汽车的质量,车身的板材厚度从0.9mm下降到0.7mm,结构板材的厚度从3mm下降到1.2~2.0mm,不同材料的使用给现在的维修技师们带来很多的问题。

20世纪90年代至今,高强度和超高强度钢在现代车身中用量已超过70%。如果没有专用的焊机,依然使用以前的一些传统方式(手工电弧焊和氧乙炔焊),是远远不能完成现代汽车车身修复作业的,而且它会把车身的强度降低,同时也会破坏车身的安全性。气体保护焊用于车身修理工作有着双重优点:适用于任何位置的焊接,能焊接钢板的厚度为0.5~6.0mm。焊接低合金钢板和薄型高强度钢板的唯一正确修复方法就是使用二氧化碳气体保护焊焊接,它在各种情况中都能快速完成高质量的焊接。

### 引导问题一 ▶ 二氧化碳气体保护焊机的结构组成有哪些?一般用什么做为保护气?

#### 1. 二氧化碳气体保护焊机的结构

二氧化碳($CO_2$)气体保护焊设备主要有电源控制柜、焊枪、送丝机构和供气装置。其中,电源控制柜由三相变压器、硅整流器、电感器及控制元件组成,其作用是提供引弧电流。送丝机构将焊丝按焊接电压、电流及操作人员动作速度等要求送至焊区。供气装置将气瓶压力经调节器减压并恒定后送给焊枪。带保护气喷嘴和导电嘴的焊枪,用导电嘴将电流送给焊丝产生短路电弧,用保护气喷嘴对电弧和熔池送气加以保护。$CO_2$气体保护焊焊机如图8-1所示。

#### 2. 保护气

修理车身时,焊接一般用二氧化碳或二氧化碳和氩气的混合气来进行保护,气体的比例(体积分数)为75%的氩气、25%的二氧化碳气。

图8-1 二氧化碳气体保护焊机

### 引导问题二 ▶ $CO_2$气体保护焊的工作原理是什么?

$CO_2$气体保护电弧焊是使用焊丝来代替焊条,经送丝轮通过送丝软管送到焊枪,经导电嘴导电,在$CO_2$气氛中,与母材之间产生电弧,靠电弧热量进行焊接。

$CO_2$气体在工作时通过焊枪喷嘴,沿焊丝周围喷射出来,在电弧周围造成局部的气体保护层使熔滴和熔池与空气机械地隔离开来,从而保护焊接过程稳定持续地进行,并获得优质的焊缝。

### 引导问题三 ▶ $CO_2$气体保护焊有哪些特点?

1)生产效率高,节省电能。$CO_2$气体保护焊的电流密度大,可达100~300A/mm$^2$,因此电弧热量集中，焊丝的熔化效率高，母材的熔透厚度大，焊接速度快，同时焊后不需要清渣，所以能够显著提高效率，节省电能。

2）焊接成本低。由于 $CO_2$ 气体和焊丝的价格低廉，对于焊前的生产准备要求不高，焊后清理和校正工时少，所以成本低。

3）焊接变形小。由于电弧热量集中、线能量低和 $CO_2$ 气体具有较强的冷却作用，使焊件受热面积小。特别是焊接薄板时，变形很小。

4）对油、锈产生气孔的敏感性较低。

5）焊缝材料含氢量少，所以提高了焊接低合金高钢抗冷裂的能力。

6）熔滴采用短路过渡时用于立焊、仰焊和全位置焊接。

7）电弧可见性好，有利于观察，焊丝能准确对准焊接线，尤其是在半自动焊时可以较容易地实现短焊缝和曲线焊缝的焊接工作。

8）操作简单，容易掌握。

9）绿色环保，$CO_2$ 来自可再生资源。

### 引导问题四  $CO_2$ 气体保护焊的基本焊接方法有哪几种？

1）对接焊：对接焊是将两个相邻的金属板边缘安装在一起，沿着两个金属板相互配合或对接的边缘进行焊接的一种方法，如图 8-2a 所示。

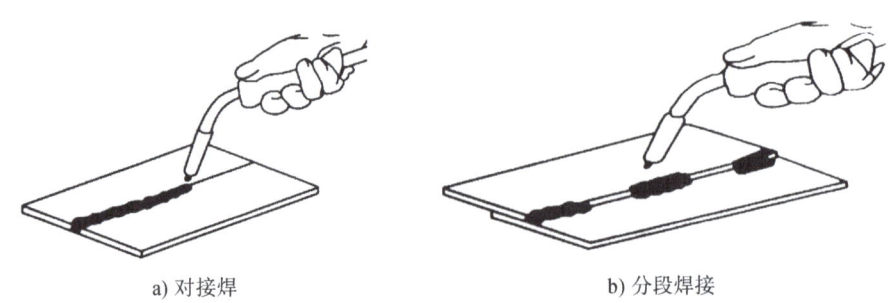

a) 对接焊　　　　　　　　　　b) 分段焊接

图 8-2　二氧化碳气体保护焊的焊接方法

在进行对接焊时（尤其是焊薄板），注意每次焊接的长度不要超过 20mm，要密切注意金属板的熔化、焊丝和焊缝的连续性，同时要注意焊丝的端部不可偏离金属板的对接处。

如果焊缝较长，最好在金属板的若干处进行定位焊，以防止金属板变形。

2）分段焊接：焊接时，应当使某一段区域的对接焊能够自然冷却，然后再进行下一区域的焊接，如图 8-2b 所示。

在焊接金属薄板时，如果薄板厚度为 0.8mm 或更薄，必须采用分段焊接，以防止板件烧穿。适当保持焊炬角度，并按照正确的顺序操作，可获得高质量的焊缝。

当焊炬移动过快或过慢时，焊接质量都会下降。焊接速度过慢，将会造成熔穿；焊接速度过快，使熔深变浅而降低焊接强度。从金属的边缘处或靠近边缘处的地方开始焊接，金属板件仍会产生弯曲变形。因此，为了防止金属板弯曲，应从母材中心处开始焊接，并经常改

## 学习任务八　二氧化碳气体保护焊的焊接工艺

变焊接的位置，以便热量均匀扩散到母材金属中去。

3）搭接焊或凸缘焊：搭接焊或凸缘焊所采用的方法相同，都是在需要连续的几个相互重叠的金属板的上表面棱边处将两个表面熔化，这与对接焊相类似，所不同的是其上表面有一个棱边，如图8-3所示。

图8-3　搭接焊和凸缘焊的焊接方法

搭接焊或凸缘焊只能用于修理原先在制造厂进行过这种焊接的地方，或用于修理外板和非结构性金属板。当金属板多于两层时，不可采用这种焊接。

焊接时不能进行连续焊接，应按照能使焊接部位自然冷却并防止温度上升的顺序进行焊接。

4）塞焊：在修理厂，一般使用塞焊代替电阻电焊。因为塞焊可在车身原电阻电焊处进行焊接，它的应用不受限制，如图8-3所示。

塞焊具有足够的强度来承受各种结构的焊接载荷，还可用于装饰性物体的外壳和其他金属薄板上。

5）定位焊：现在大多数用于汽车修理的气体保护焊机有内部定时器，在经过一次定位焊所需时间后，便切断送丝装置并关闭电弧。

在焊接各种薄型的非结构类金属板和外壳上的搭接缝合凸缘时，气体保护定位焊是一种最常用的快速有效的方法。

6）连续定位焊：气体保护连续电焊使用一般的喷嘴。进行焊接时，要将定位焊的方法与连续焊的焊炬操作和运行方法结合起来。

### 引导问题五　$CO_2$气体保护焊的检验标准是什么？

（1）对接焊的焊缝的目测检测的标准

焊缝最短长度为25mm；焊缝最长长度为38mm；焊缝最小宽度为5mm；焊缝最大宽度为10mm；金属穿透宽度为0～5mm；对接焊焊片夹缝是金属板厚度的2～3倍。

（2）塞焊的焊缝的目测检测标准

焊缝最小直径为9mm；焊缝最大直径为12mm；金属穿透宽度为0～9mm；每件作品上不得有超过3mm的焊接缺陷或焊渣。

（3）所有焊件焊接缺陷的目测检测标准

焊件正面焊接最大宽度为3mm；金属最大穿透宽度为1～1.5mm。

(4）焊接和对接焊和焊缝的破坏性实验检测标准

搭焊被撕裂的一片金属上必须有与焊缝长度相等的一个孔；对接焊上面一片金属必须有与焊缝长度相等的一个孔。

## 二、技术标准与要求

1. 操作人员必须穿戴好防护用品才能开始操作，否则要制止，并要求操作人员穿戴好防护用品。

2. 作业练习前，必须用抹布清洁工件表面上的油渍、污物，防止焊接后产生焊接缺陷。

3. 调节气流时，应先关闭焊机控制面板上的送丝速度、时间微调、延时设定、电流档位等，避免调节气体时，浪费焊丝。

## 实训器材

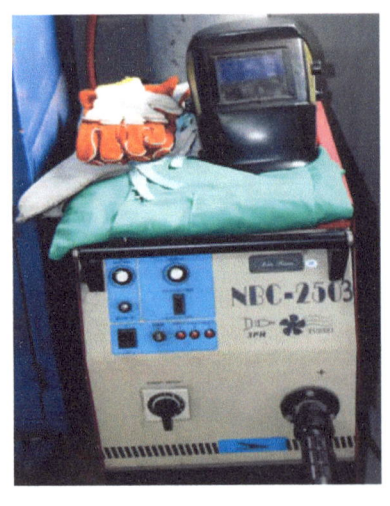

$CO_2$ 保护焊机、防护服、面罩、手套

钢直尺、记号笔

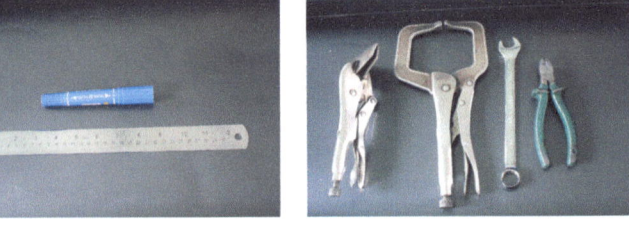

平口钳、扳手、斜口钳

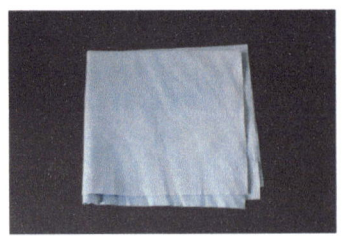

除油布

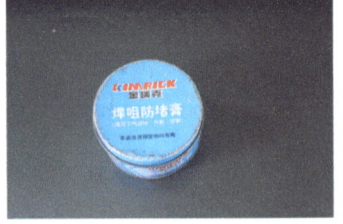

焊嘴防堵膏

## 教学组织

**1. 教学组织形式**

每辆车安排4名学生参与实训，两名学生一组，一组操作，一组观察学习。

## 学习任务八　二氧化碳气体保护焊的焊接工艺

**2. 学生站位分工和要求**

两名学生一组，按照1号、2号进行编号，1号为主，2号为辅助。

**3. 实训教师职责**

讲解操作步骤和注意事项；下达"操作开始"口令；工位间巡视、检查、指导和纠正错误。

**4. 学生职责变换**

两名学生实行职责变换制度，即第一遍1号为主，2号辅助；第二遍2号为主，1号辅助。

## 三、工艺流程

**第一步　穿戴防护用品**

1. 1号学生将护腿粘贴处撕开，扣在小腿上并黏合（绑带式护腿将绑带缠绕小腿后系好）。

提示：

1）穿戴护腿之前，要先将绝缘电工鞋（前面带钢板）穿在鞋上，并系好鞋带。

2）在焊接电流过大时，会产生火花，护腿主要防止飞溅的火花烫伤腿部。

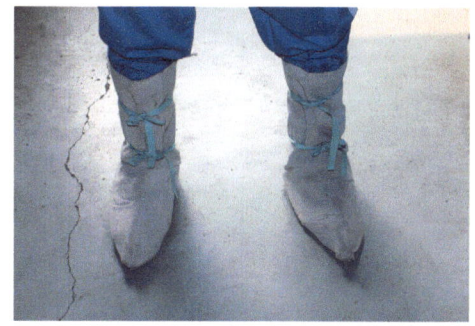

2. 1号学生穿焊接工作服。

提示：

1）焊接服由纯棉材质制成，主要防止焊接中电弧熔化物溅到身上。

2）穿焊接服要将领口、袖口的钮扣全部扣住，防治熔化物溅入。

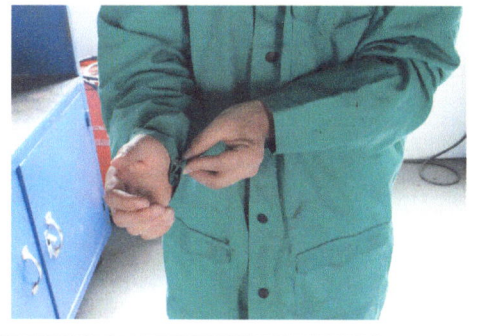

3. 1号学生戴棉丝手套。

提示：

1）棉丝手套在不进行焊接作业时使用。

2）裸手与工件或工具接触会使工件沾上汗液等，影响工件使用寿命。

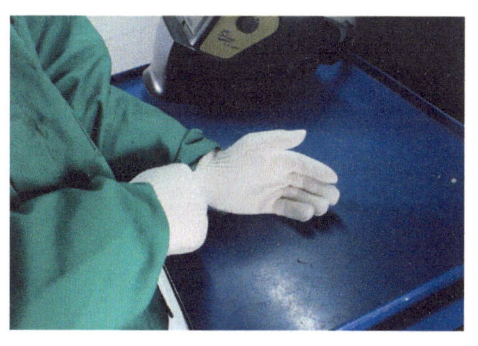

（续）

4. 1号学生佩戴防尘口罩。

 提示：

在焊接过程中，会产生大量的可吸入颗粒物和有害气体，佩戴口罩能较好地保护操作人员的呼吸系统。

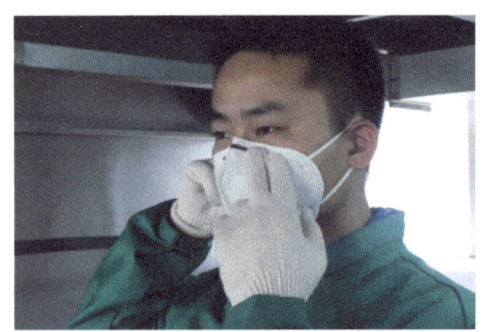

5. 基本防护完毕示意图。

 提示：

焊接操作时，不能将皮肤暴露在外，以免焊接时被高温熔化物烫伤。

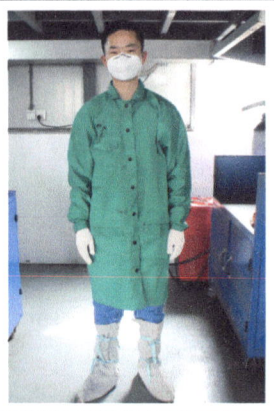

## 第二步　焊接前准备

1. 1号学生将固定焊接架升到合适的位置，并用扳手拧紧焊接横梁的锁紧螺栓。

 提示：

焊接架标准高度位置以比肩高±10cm为宜。

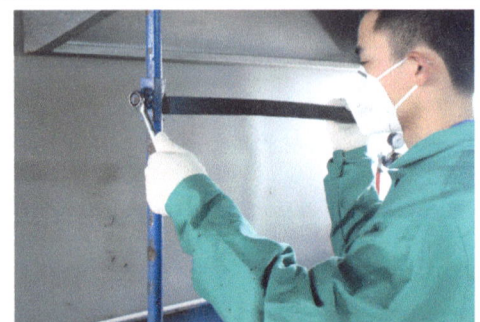

2. 1号学生使用除油布将焊接板件清洁干净。

 提示：

用除油布清洁焊接板件上面的油渍、污物，防止焊后因表面不洁净造成焊接缺陷。

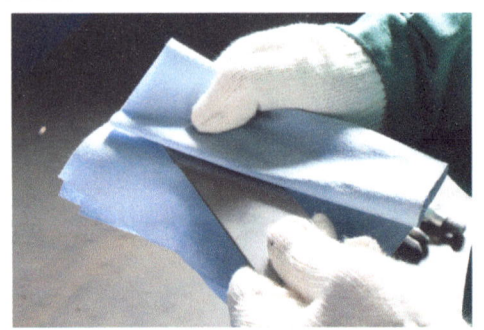

## 学习任务八 二氧化碳气体保护焊的焊接工艺

(续)

3. 1号学生使用平口钳固定焊接板件。

 提示：

使用平口钳固定焊接的板件，并调整两焊片的间隙（以对接焊为例，间隙为实际焊接厚度的 2~3 倍）。

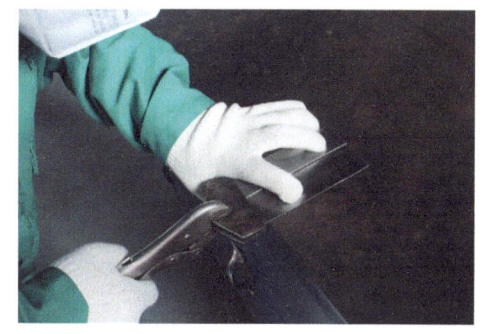

4. 1号学生使用钢直尺测量焊接板件之间的间隙。

 提示：

测量板件的间隙，确保焊接件间隙为实际焊接厚度的 2~3 倍，以保证足够大的熔池空间（确保焊接强度达到标准）。

5. 1号学生使用记号笔和钢直尺测量并确定焊接长度。

 提示：

1) 画线两端的最大长度为 25~38mm，是为了防止焊接时焊缝有超长现象。
2) 实际修理焊接时，覆盖件多数采用分段连续焊接方式，以方便维修。

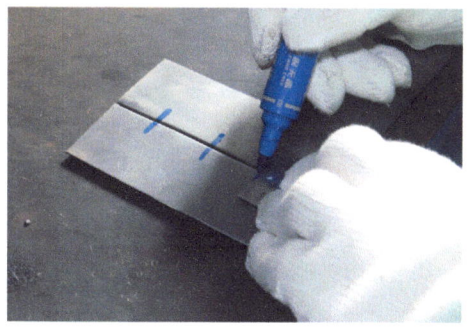

6. 1号学生使用 G 型钳将焊接板件固定在焊接架上。

 提示：

焊接方式分为平焊、立焊、仰焊三种，根据不同的焊接部位，选择不同的焊接方式。

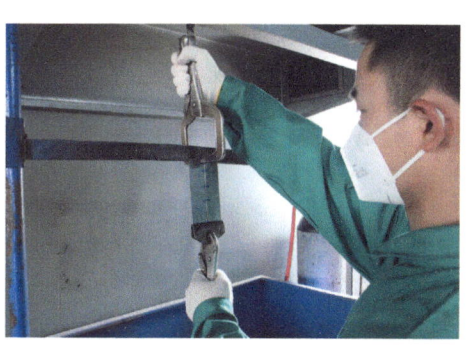

(续)

7. 1号学生 $CO_2$ 保护焊机电源开关门打开。

提示：

打开电源后，先不要调节焊接参数，这样在调节气体流量时，送丝机构不工作，可避免不必要的浪费。

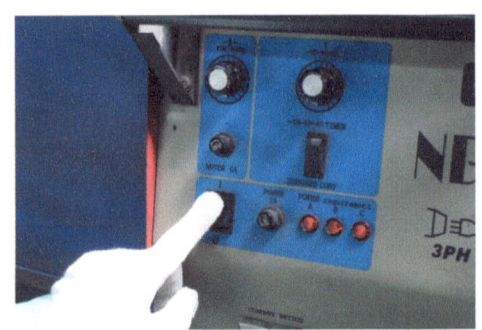

8. 1号学生打开混合气钢瓶气阀，并检查钢瓶气压。

提示：

1）正常气压为 2~12MPa，如果钢瓶主减压表指针低于 2MPa 时，应更换充满气体的钢瓶，防止因缺气使保护效果失效。

2）混合气比例（体积分数）为 75%氩气＋25%二氧化碳或 80%氩气＋20%二氧化碳。

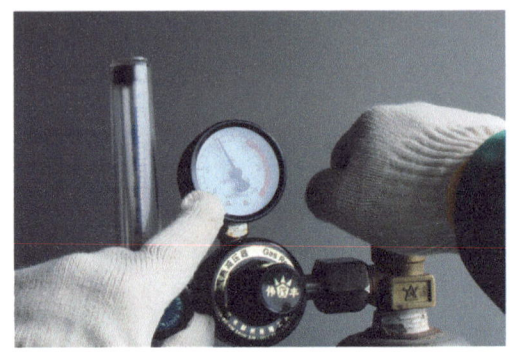

9. 1号学生检查并调节混合气气体流量。

提示：

1）打开气体调节流量阀，一只手按住焊枪开关，眼睛观察流量指示（立焊时应为 10~15MPa）。调整气体流量时，只要把焊机的主开关关闭即可，否则会浪费焊丝。

2）调整完毕将焊枪放于焊接平台上，便于焊接时操作。

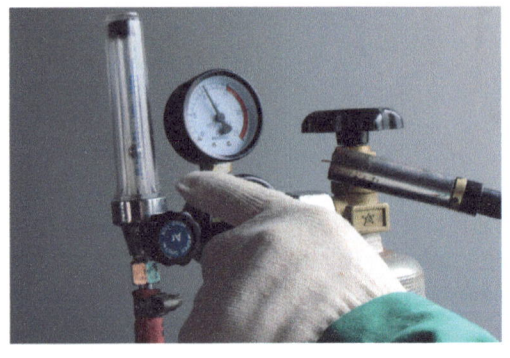

10. 1号学生用手捏住地线尾部，将地线钳口夹于焊接点附近。

提示：

地线要靠近焊接区域，这样有利于引弧。

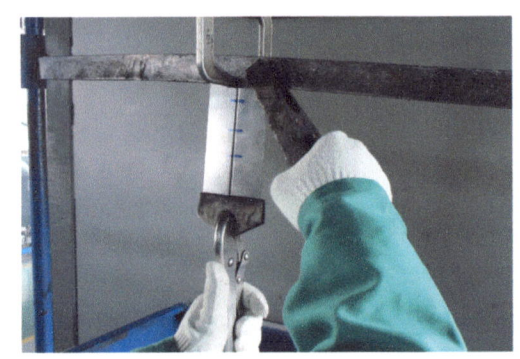

## 学习任务八 二氧化碳气体保护焊的焊接工艺

(续)

11. 1号学生转动按钮,调节 $CO_2$ 保护焊机的焊接参数。

提示:

1) 作业练习厚度为1mm钢板,电流参数为100~120A。

2) 根据各地的电压情况不同,可选择适当的调整。

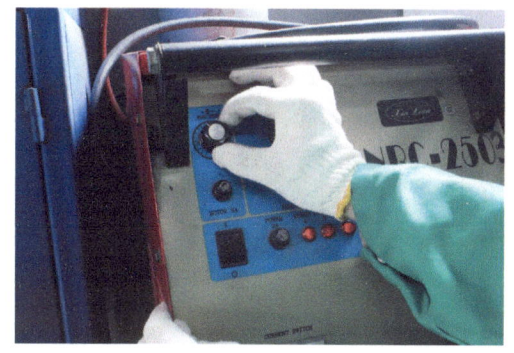

12. 1号学生使用保护套专用清洁工具清洁保护套内的污物。

提示:

焊接前将保护套内的焊接熔化物清除掉,防止产生焊接缺陷。

13. 1号学生使用斜口钳将多余的焊丝剪除。

提示:

1) 引弧前先送出一段焊丝,用斜口钳剪去焊丝端部的焊瘤,将焊丝从导电嘴伸出长度匹配为5~8mm。

2) 剪焊瘤时,不要将喷嘴指向操作人员的面部和其他人,应将焊枪朝下,把焊瘤剪到杂物箱内,防止伤害到人。

14. 1号学生将焊枪头部放于防堵膏盒中,使头部粘上一层防堵膏。

提示:

防堵膏的作用是在焊接时防止因熔化物形成铁水粘在保护套上

（续）

15. 1号学生使用抹布清洁保护套，将保护套外面的防堵膏擦干净。

提示：

1）外边缘的防堵膏在焊接时会熔化滴落，不清洁干净会滴落到衣服或焊接手套上，影响焊接服或焊接手套的使用寿命。

2）清洁完毕后，将焊枪放于焊接平台上，便于焊接时操作。

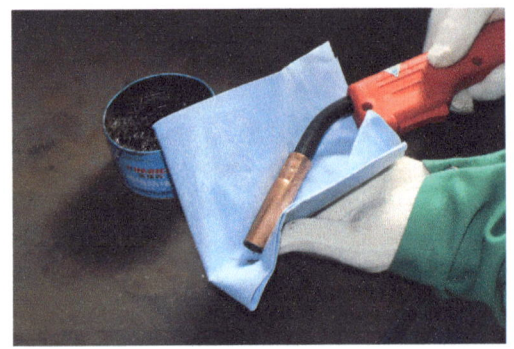

16. 1号学生将棉丝手套脱下放好，并戴上焊接手套。

提示：

焊接手套为皮革材料制作，主要作用是焊接时防止熔化的金属烧伤手部。

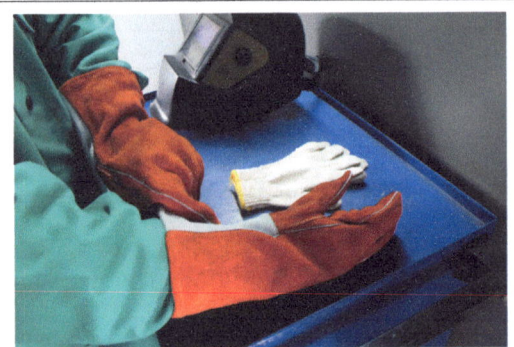

17. 1号学生带焊接面罩。

提示：

1）焊接面罩主要作用是保护脸部免受高温或熔融金属的灼伤，变色镜片是保护眼睛的以免受到过亮光线或电弧紫外线的伤害。

2）焊接面罩的镜片，最好使用瞬时变色镜片，有利于焊接过程中，观察焊接的纹路。

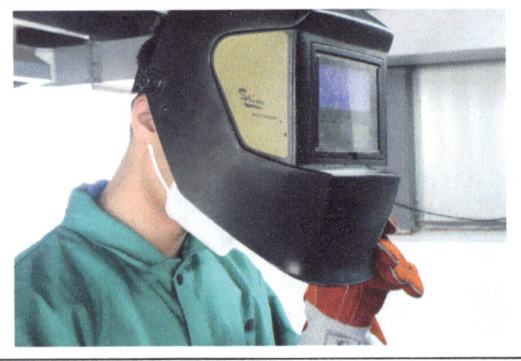

### 第三步　焊接

1. 1号学生从操作平台上拿起焊枪，并摆好焊接姿势。

提示：

正确的焊接姿势为左右两腿错位立开、两脚之间宽度为50~60cm，左腿半弯、右腿半直、左右两臂交替握枪，腰要挺直。

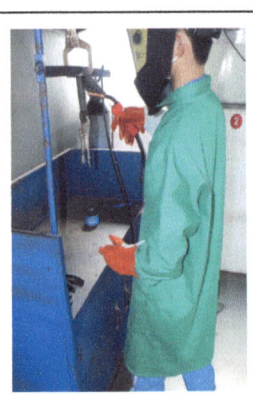

## 学习任务八 二氧化碳气体保护焊的焊接工艺

（续）

2. 1号学生进行焊接操作前，头部姿势应保证视野如右图所示。

 提示：

面部与工件接近平行视觉，右耳与工件成直线，焊枪和工件调整成5°～15°，这时把面部与工件转成10°～15°的焊接视角。

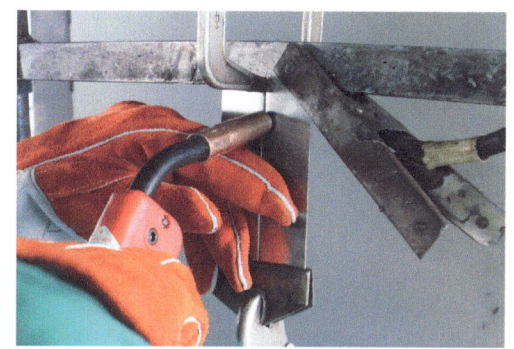

3. 焊接说明1，如右图所示。

 提示：

对接焊和搭接焊的焊接手法时G形起弧时，先从铁片的焊缝中间或中心偏移2mm处开始起弧，中间绕着走Z形，左右手掌握枪姿势要稳，最后绕着走G形。

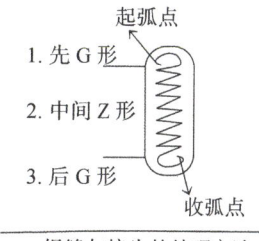

焊缝与接头的处理方法

4. 焊接说明2，如右图所示。

 提示：

1）立焊单孔塞焊时。要把8mm孔当作360°圆来比较，从右侧3点钟位置开始起弧，顺时针走一圈慢慢往里缩，每一处走四圈，一定要将焊枪掌握稳。

2）将焊丝与焊枪的伸出长度匹配成5～8mm。

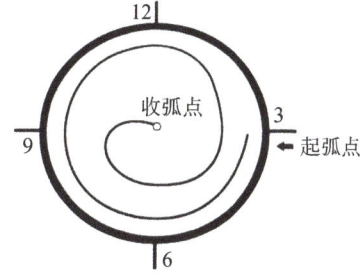

5. 焊接完毕后，1号学生将焊枪放于工作平台上，便于下次焊接操作

 提示：

焊枪放于工作平台时，注意焊枪的控制按钮，不要将控制按钮与平台接触，避免造成不必要的浪费。

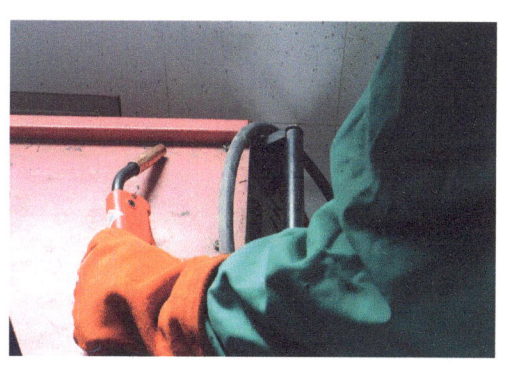

（续）

6. 1号学生脱下焊接手套，换上棉丝手套。

 提示：

一般的操作都要带棉丝手套，焊接手套只在焊接时使用。

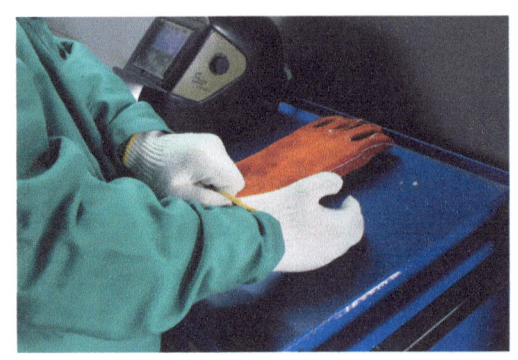

7. 1号学生捏住地线的尾部，将地线取下，放于工作平台上，便于下次焊接操作。

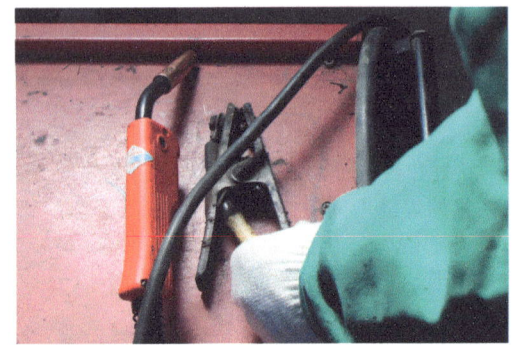

8. 1号学生使用手握住下端的平口钳，用另一只手松开上端的G型钳，取下工件，并将G型钳放回工作平台。

 提示：

工件取下时，禁止单手操作，防止工件掉落。

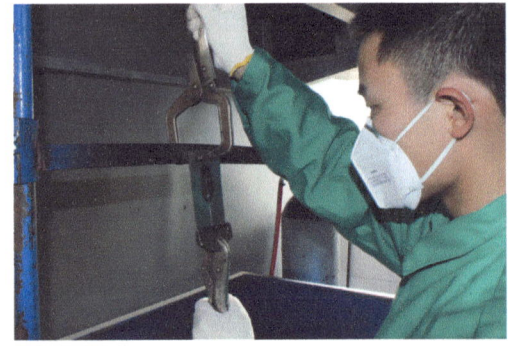

9. 焊接效果示意图（对接焊）。

 提示：

1）对接焊的目检标准：焊缝正面长度为25～38mm，宽度为5～10mm。

2）焊件正面焊接最大厚度为0～1.5mm 宽度为0～5mm。

3）破坏性实验后，对接焊下层板金属上必须有与焊缝长度相等的一个孔。

学习任务八　二氧化碳气体保护焊的焊接工艺

(续)

10. 焊接效果示意图（塞焊）。

提示：

1）塞焊焊缝的目检标准：焊缝直径为 10～13mm。
2）焊件正面焊接最大厚度为 0～1.5mm。破坏性试实验后，下层板金属上必须有≥9mm 的孔。

### 第四步　整理清洁

1. 焊接完毕，1 号学生将焊枪和地线放回原位。

提示：

焊枪和地线可挂于钢瓶泄压阀处，也可收好放于焊机之上。

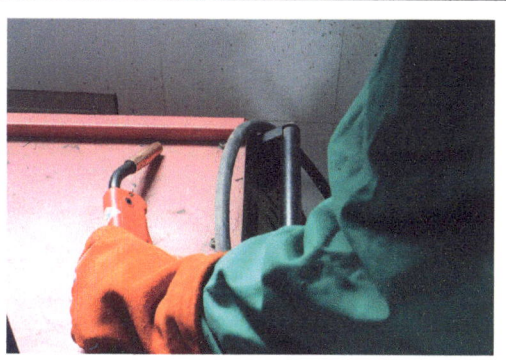

2. 1 号学生将电压调节开关、送丝调节按钮、电源开关全部调回原位。

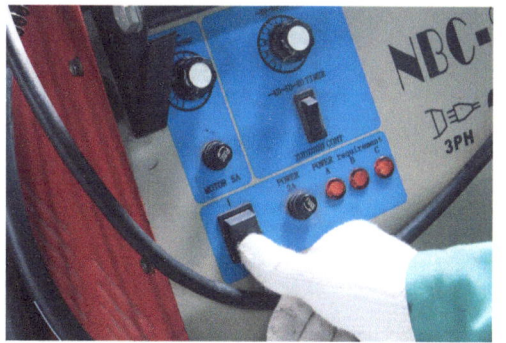

3. 1 号学生将流量调节阀，钢瓶出气阀全部关闭。

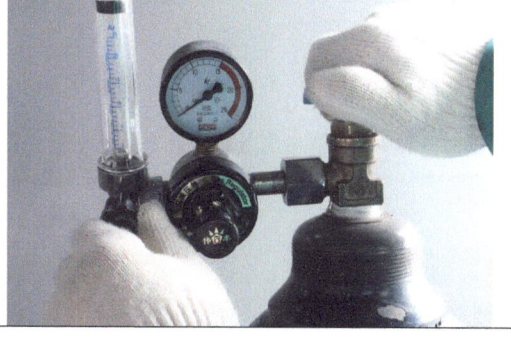

(续)

4.1号学生松开紧固螺栓将焊接架横梁放回原位。

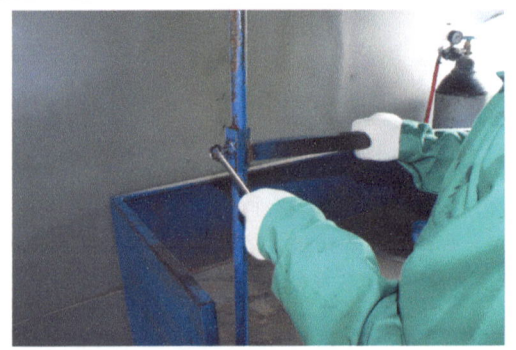

5.1号学生清洁平台上所有工具和量具,并整理摆放原位。

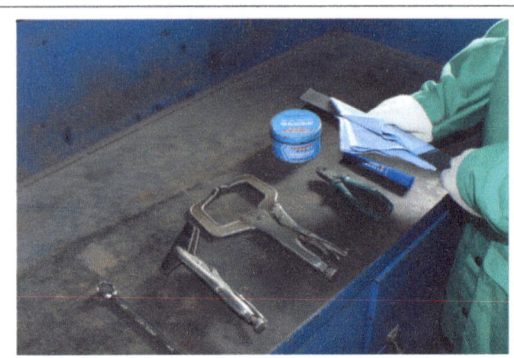

### 第五步 脱防护用品

1.1号学生脱下棉丝手套,并整理好放回原位。

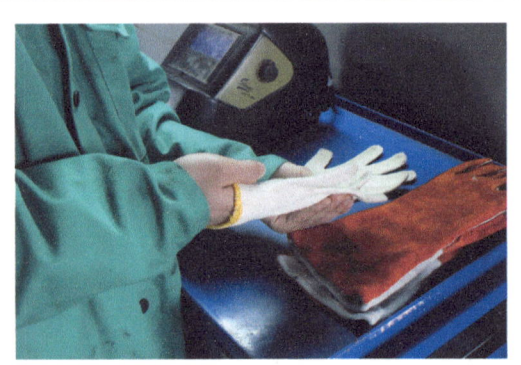

2.1号学生脱下焊接服,并折叠好放回原位。

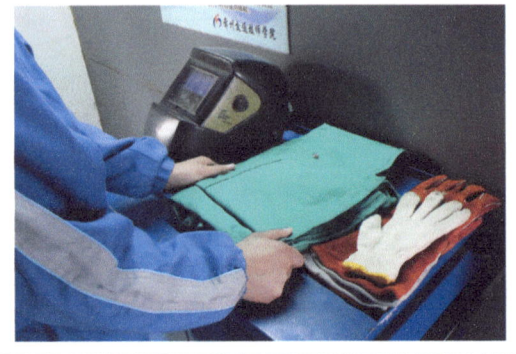

学习任务八　二氧化碳气体保护焊的焊接工艺

（续）

3. 1号学生脱下护腿，并整理好放回原位。

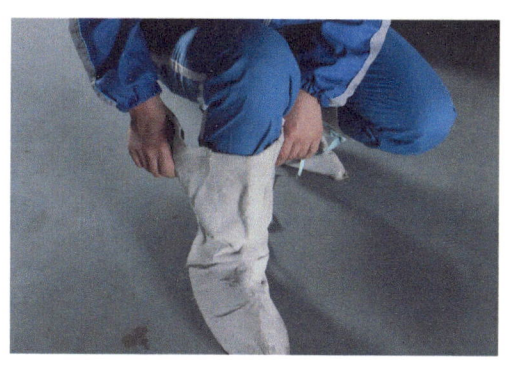

　四、课后练习

1. 二氧化碳（$CO_2$）气体保护焊机由哪些部分组成？一般使用什么气体作为保护气？

2. 简述 $CO_2$ 气体保护焊的检验标准。

3. 焊接操作前，必须做好哪些准备工作？

4. 实训小结。

## 五、操作能力考核表

考核表标准（满分100分，时间共20 min）

| 考核时间 | 序号 | 考 核 项 目 | 满分 | 评 分 标 准 | 得分 |
|---|---|---|---|---|---|
| 20min | 1 | 安全防护用品的使用情况 | 4 | 操作时不戴手套扣4分 | |
| | | | 4 | 操作时不穿安全鞋扣4分 | |
| | 2 | 将固定焊接架升到固定位置 | 5 | 未将固定焊接架升到正确位置扣5分 | |
| | 3 | 清洁焊接板 | 4 | 未正确清洁焊接板扣4分 | |
| | 4 | 固定焊接板 | 6 | 未正确固定焊接板扣6分 | |
| | 5 | 测量焊接板件之间的间隙 | 10 | 未正确测量焊接板件之间间隙扣10分 | |
| | 6 | 测量并确定焊接长度 | 8 | 未正确测量焊接长度扣8分 | |
| | 7 | 将焊接板件固定在焊接架上 | 10 | 未正确将焊接板件固定在焊接架上扣10分 | |
| | 8 | 检查钢瓶气压 | 8 | 未检查钢瓶气压扣8分 | |
| | 9 | 调节混合气气体流量 | 8 | 未正确调节混合气气体流量扣8分 | |
| | 10 | 剪除多余焊丝 | 6 | 未正确剪除多余焊丝扣6分 | |
| | 11 | 焊接 | 14 | 未正确焊接每步扣2分 | |
| | 12 | 整理清洁 | 8 | 未整理清洁扣8分 | |
| | 13 | 超过规定操作时间 | 5 | 每超过1min扣1分，扣完为止 | |
| | 14 | 遵守相关安全规范 | | 因违规操作造成人身和设备事故的，总分按0计分 | |
| | | 分数合计 | 100 | | |

# 学习任务九

## 车身尺寸电子测量

**Task 9**

 学习目标

完成本学习任务后,你应当达到如下目标:

1. 知识目标
1) 掌握汽车车身的各项基本尺寸。
2) 理解车身尺寸电子测量的原理。

2. 能力目标
1) 正确进行车身数据图的识读。
2) 规范使用电子测量系统对车身进行尺寸测量。
3) 会运用所学知识对不同车型的车身尺寸数据进行识读、测量。

3. 养成目标
1) 培养良好的工作态度。
2) 养成独立思考、解决问题的良好习惯。

 建议学时

建议完成本学习任务的时间为 14 课时。

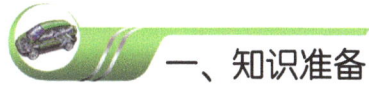 一、知识准备

车身的测量工作是车身修复程序中必须进行的操作,事故车的损伤评估、校正、板件更换及安装调整等工序都要用到测量工作。为保证汽车使用性能良好,总成的安装位置必须正确,因此在修复后要求车身尺寸配合公差不能超过 3mm。

要将车身的尺寸恢复到标准值,对原车的尺寸掌握是最基本的。如果没有原车车身的尺寸数据,对测量来说会有很大的难度,后续的车身修复也是不准确的。这样对修复后汽车的各项性能产生一定的影响。所以在进行车身测量和调整之前,掌握车身数据知识是十分必

要的。

### 引导问题一　汽车的外廓尺寸包含哪些？

汽车外廓尺寸（图9-1～图9-3）主要包括：

1）车长 $L$：汽车长是垂直于车辆纵向对称平面并分别抵靠在汽车前、后最外端突出部位的两垂面之间的距离。简单地说，就是沿着汽车前进的方向，最前端到最后段的距离。

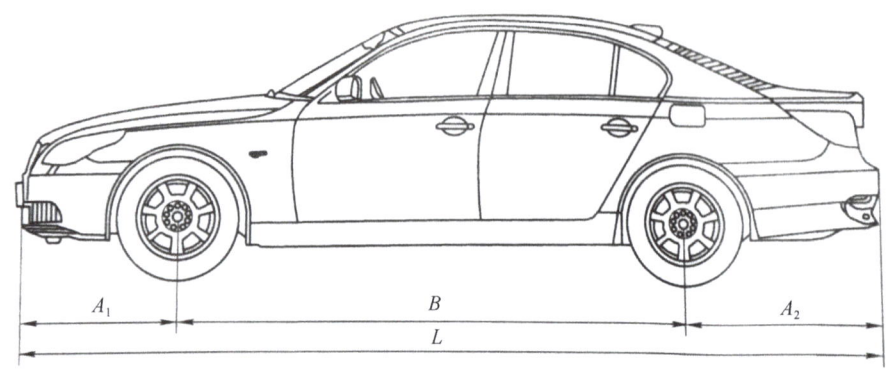

图9-1　汽车的外廓尺寸

2）车宽 $S$：汽车宽是平行于车辆纵向对称平面并分别抵靠车辆两侧固定突出部位的两平面之间的距离。简单地说，就是汽车最左端到最右端的距离。

两侧固定突出部位并不包括后视镜、侧面标志灯、转向指示灯、防滑链以及轮胎与地面接触部分的变形。

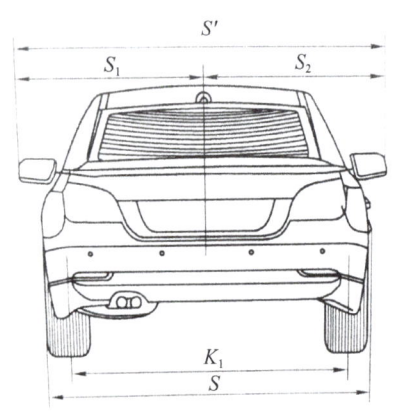 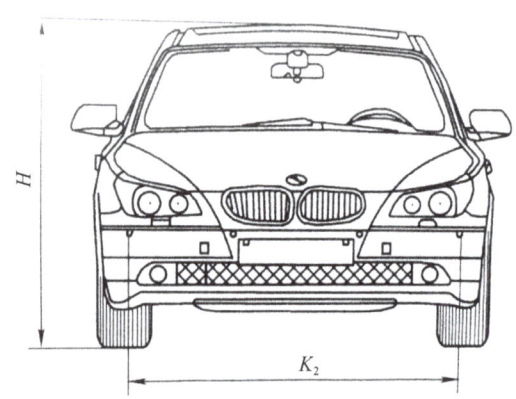

图9-2　汽车的外廓尺寸

3）车高 $H$：汽车高是车辆支撑平面与车辆最高突出部位相抵靠的水平面之间的距离。简单地说就是从地面到汽车最高点的距离。

汽车高通常是指汽车在空载，但可运行（加满燃料和冷却液）的情况下的高度。车身高度直接影响车的重心和空间。大部分轿车高度在 1.5m 以下，与人体的自然坐姿高度相比低很多，这主要是出于降低全车重心的考虑，以确保高速转弯时不会翻车。

4）轴距 $B$：汽车呈直线行驶位置时，同侧相邻两轴的车轮落地中心点到车辆纵向对称平面的两条垂直线之间的距离。

5）轮距 $K$：在支撑平面上，同轴左右车轮两轨迹中心距的距离，分前轮距 K1 和后轮距 K2（轴两端为双轮时，为左右两条双轨迹的中线间的距离）。轮距越宽，汽车的稳定性越好。

6）前悬 $A_1$：汽车呈直线行驶位置时，汽车前端刚性固定件的最前点到通过两前轮轴线的垂面间的距离。

7）后悬 $A_2$：汽车后端刚性固定件的最后点到通过最后车轮轴线的垂面间的距离。

8）最小离地间隙 $C$：满载时，车辆支撑平面与车辆最低点之间的距离。

9）接近角 $\alpha$：汽车空载时，前端突出点向前轮引出的切线与地面的夹角。

10）离去角 $\beta$：汽车空载时，后端突出点向后轮引出的切线与地面的夹角。

图9-3　汽车的外廓尺寸

GB1589-2004 中规定乘用车车身的外廓尺寸最大极限为（单位为 mm）：车长 12000，车宽 2500，车高 4000。

**引导问题二　如何正确识读车身底部数据图？**

汽车车身底部数据图由两部分组成（图9-4），图的上半部分是俯视图，下半部分是侧视图，用一条虚线隔开。图的左侧部分代表车身的前方，右侧部分代表车身的后方。要读取数据，首先需要找到图中长、宽、高的三个基准。

（1）宽度数据

在俯视图中间位置有一条贯穿左右的线，这条线就是中心面，又称为中心线，它把车身一分为二。在俯视图上的黑点表示车身的测量点，一般的测量点是左右对称的。两个黑点之间的距离有数据显示，单位是 mm（有些数据图还会在括号内标出英制数据，单位是 in），每个测量点到中心线的宽度数据是图上标出的数据值的一半。

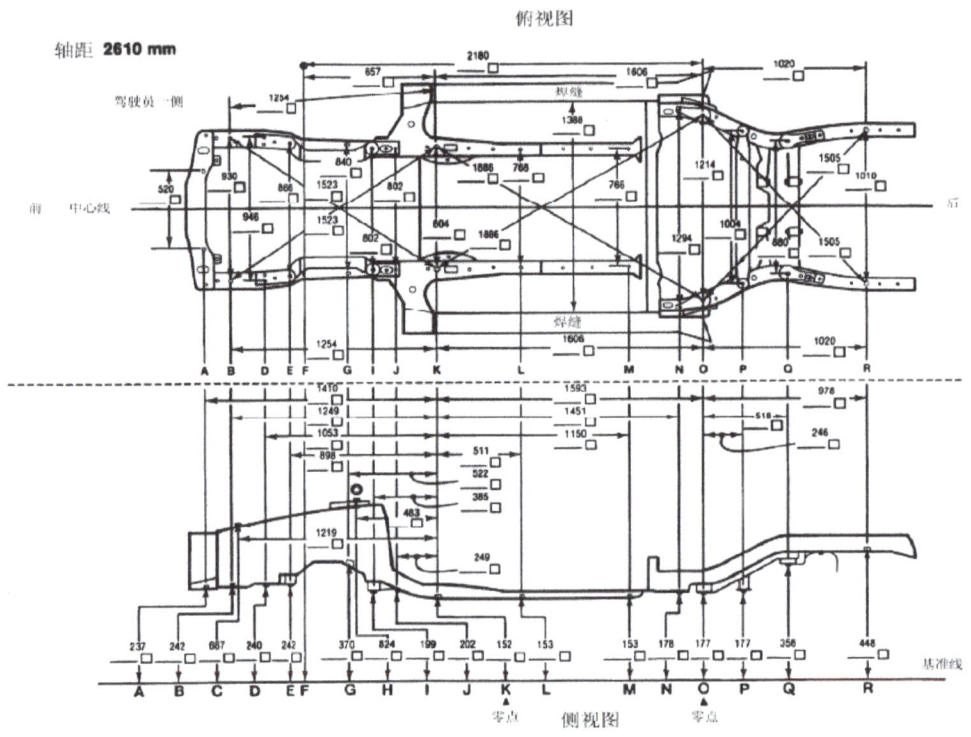

图 9-4　车身底部数据图

(2) 高度数据

在侧视图的下方有一条较粗的黑线,这条线就是车身高度的基准线(面)。线的下方有从 A 至 R 的字母,表示车身测量点的名称,每个字母表示的测量点一般在俯视图上部显示两个左右对称的测量点。俯视图上每个点到高度基准线都有数据表示,这些数据就是测量点的高度值。

(3) 长度数据

在高度基准线的字母 K 和 O 的下方各有一个小黑三角,表示 K 和 O 是长度方向的零点。从 K 点向上有一条线延伸至俯视图,在虚线的下方位置可以看出汽车前部每个测量点到 K 点的长度数据显示。从 O 点向上有一条线延伸至俯视图,在虚线的下方位置可以看出汽车后部每个测量点到 O 点的长度数据显示。长度基准点有两个,K 点是车身前部测量点的长度基准,O 点是车身后部测量点的长度基准。

**引导问题三**　车身尺寸电子测量系统的种类有哪些?其组成、特点是什么?

车身电子测量系统主要有半机械半电子测量系统、半自动电子测量系统和全自动电子测量系统等几种类型。

(1) 半机械半电子测量系统

它的测量工具是一个类似轨道式量规的测尺,在量规上安装位移传感器,在测尺上可以电子显示测量的高度、长度两个方向的数值,一次只能测量两个测量点之间的高度和长度或

## 学习任务九 车身尺寸电子测量

高度和宽度,然后把数据通过有线或无线传输到电脑的软件系统内,软件系统将测量的数据与系统内标准数据对比,可以得知测量的结果。

**缺点:** 这种测量系统在测量中每次只能测量一个控制点,或两个控制点之间的参数,不能同时测量多个控制点,并且不能随着测量点数据的变化而及时反映出来,需要不断反复测量不同的控制点来确定相关尺寸的正确性,操作比较烦琐,效率较低。

(2) 半自动电子测量系统

自由臂属于半自动电子测量系统。使用自由臂方式进行测量,测量臂由一节节可以转动的关节连接,每两个臂之间可以在任意一个平面并内360°转动,多个臂的转动可以转移到空间的任意一个位置。在连接处有角度位置传感器,任何一个关节转过的任何一个角度都会被传输记录到计算机上。

**缺点:**

1)自由臂测量系统不能做到多点同时同步测量,在测量过程中要不断重复量不同的控制点,否则有可能在拉伸中导致有些数据不准。

2)在测量过程中只能适时测量,不能实时测量。

3)计算机接收系统在测量前需要进行调平,在测量过程中接收器的任何移动都会导致基准变化而使数据不准确。

(3) 全自动电子测量系统

1) 红外线测量系统

组成:红外线测量系统包括反射靶、一个红外线发射器接收器和一台计算机组成。

由两个准分子红外线发射器发射红外线投射到标靶上,每个标靶上有不同的反射光栅,通过接收光栅反射的红外线束测量出数据并传输给计算机,由计算机通过计算可以得到测量点的空间三维尺寸。

**特点:**

① 提供直接且实时的尺寸数值。

② 在拉伸和校正作用过程中,车辆的损伤区域和未损伤区域中的基准点都可被持续监测。

2) 超声波测量系统

组成:由超声波发射器、超声波接收器、控制柜(计算机)及各种测量头组成。

特点:测量精度高(可以达到±1mm以下),测量稳定、准确,可以实时测量,操作简便、高效。

应用:一般应用于车辆的预检,修理过程中的测量和修理后的检验。现一些二手车辆交易中也使用这种车身检验方法。

> **引导问题四** SHARK超声波电子测量系统的工作原理是什么?

超声波发射器通过测量头、加长杆以及测量头转接器等安装到车身测量点的测量孔或螺栓上,超声波接收器装置在测量横梁上。超声波发射器发送超声波,由于声音是等速传播的,超声波接收器可快速精确测量声波在车辆上不同基准点之间传播所用的时间。计算机根据每个超声波接收器的接受情况自动计算出每个测量点的三维数据。SHARK 测量系统如图 9-5 所示。

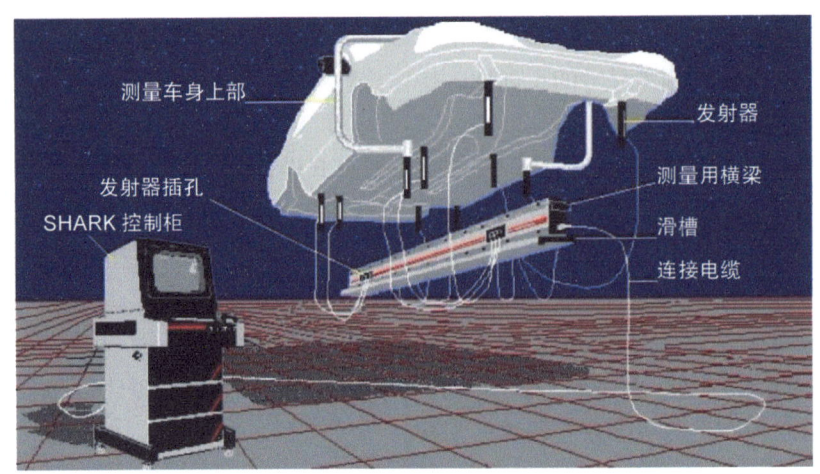

图 9-5　SHARK 超声波电子测量系统

**引导问题五**　SHARK 超声波电子测量系统的特点是什么？

1）SHARK 全自动电子测量系统由法国进口，结合了先进的电子技术与计算机技术，是目前碰撞维修行业最前沿的测量工具。

2）SHARK 全自动电子测量系统为全中文界面，操作简便直观；且软件提供了操作指示，即使不知道如何操作电脑的技师，也可以轻松操作本系统。

3）SHARK 全自动电子测量系统能够在维修前、维修中、维修后随时检验车辆的碰撞，打印维修结果。

4）拉伸过程中，系统能够实时监控多达 12 个测量点的变化情况，自动计算出测量值、测量值与标准值的差值。

5）拉伸过程中，软件提供给维修技师碰撞变形情况和拉伸方向，通过彩色显示屏和测量数据，实时监控拉伸情况和测量结果，监控整个拉伸过程。

6）SHARK 全自动电子测量系统测量精度高，可达到 ±1mm 误差以内。

**引导问题六**　SHARK 超声波电子测量系统由哪些部件组成？

SHARK 超声波电子测量系统主要有两部分组成：控制柜和测量横梁。

1）测量横梁上的 48 个（每侧 24 个）高频拾音器接收超声波信号，以对车身测量点进行测量（图 9-6）。

2）控制柜包括电脑、显示器、键盘、打印机、附件和发射器。

发射器一端与车辆测量点上的附件相连，另一端连到测量横梁上，并由发射器上的两个发射点发射超声波。

## 学习任务九 车身尺寸电子测量

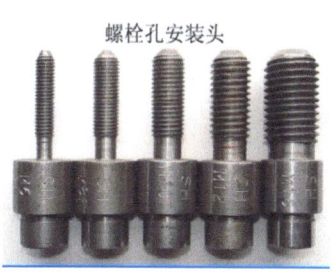
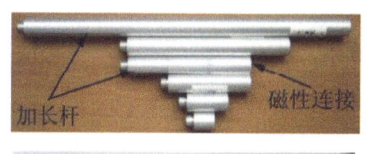
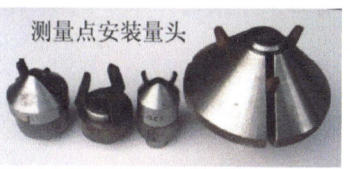

图9-6 SHARK超声波电子测量系统的组成部分

## 二、技术标准与要求

1. 参训学员必须穿戴必要的劳保用品，以免发生意外事故。
2. 车辆举升、下降过程中，参训学员应远离车辆四周，避免发生安全事故。
3. 在车辆底部进行操作前，应确保举升机处于锁止状态，严禁在未锁止状态下进入车辆底部进行作业。
4. 操作过程中，应避免超声波发射器与任何物件碰撞，以免损坏发射器。
5. 安装测量附件时，应保证测量附件与内六角扳手呈垂直状，以免损坏螺纹。

控制柜

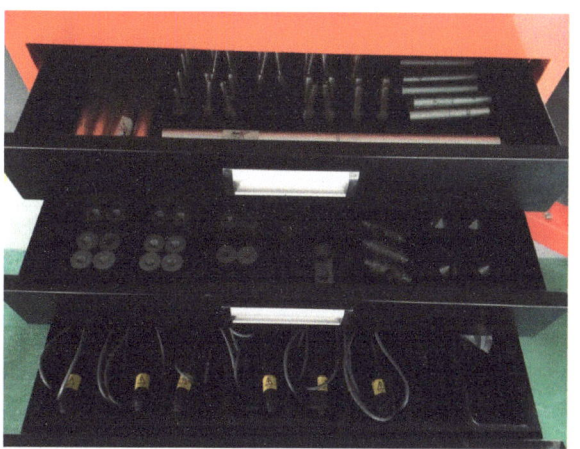

各类连接件与发射器

### 教学组织

1. 教学组织形式

每辆车安排4名学生参与实训,两名学生一组,一组操作,一组观察学习。

2. 学生站位分工和要求

两名学生一组,按照1号、2号进行编号,1号为主,2号为辅助。

3. 实训教师职责

讲解操作步骤和注意事项;下达"操作开始"口令;工位间巡视、检查、指导和纠正错误。

4. 学生职责变换

两名学生实行职责变换制度,即第一遍1号为主,2号辅助;第二遍2号为主,1号辅助。

第一步 操作准备

1. 车辆进入工位前,参训学生将工位卫生清理干净,排除障碍物,准备好相关的工具、物品等。

 提示:

培养良好的工作习惯,做好事前准备,有利于安全操作和提高工作效率。

2. 将车辆平稳停驻在工位上。

学习任务九　车身尺寸电子测量

（续）

3. 1号学生打开车门，安装室内四件套。

 提示：

室内四件套包括座椅套、转向盘套、变速杆套、地板垫。保证驾驶室内清洁。

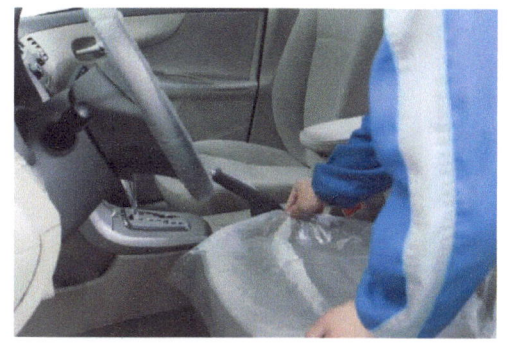

4. 1号学生将变速杆至于P位，拉紧驻车制动器。

 提示：

为保证车辆在工位上的可靠停驻，防止出现溜滑，造成安全事故，因此，要拉紧驻车制动器。

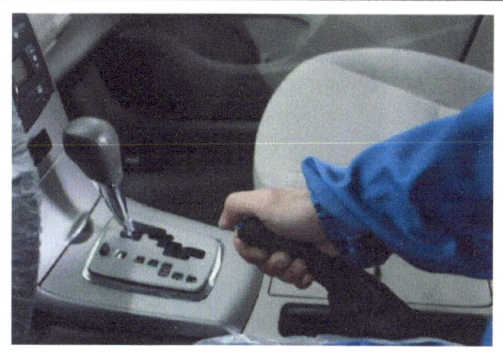

## 第二步　举升车辆

1. 1号学生检查车辆位置。要注意车头方向，且车辆应停驻在主、副立柱和提升钢索、高压油管保护罩的中间位置，即将车辆停驻于举升平台的中央位置。

 提示：

车辆在平台上的停放位置非常重要，它直接影响到举升时和举升后的车辆稳定性。

2. 1号学生和2号学生查找车辆地板的支撑点，调整提升臂的角度和抽拉臂的长度，将托垫对正支撑点。

 提示：

车辆的支撑点，位于底板两侧，前后车轮之间，每侧两个。

(续)

3. 2号学生操纵举升机,车轮举升到离地面10cm处。

提示:

车轮举升到离地面10cm处,是为检查车辆的稳定性做准备。

4. 1号学生和2号学生检查托垫是否对正支撑点。如果托垫不正对支撑点,则降下车辆,重新调整托垫。

提示:

一定要保证托垫与支撑点的正确接触,以免举升时或举升后,由于车辆晃动而发生安全事故。

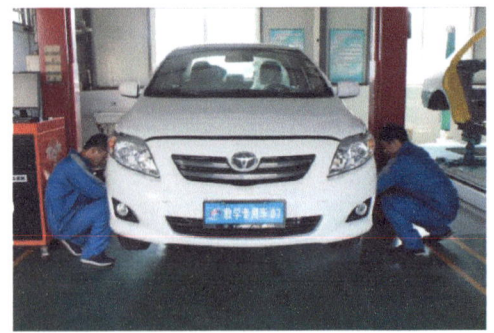

5. 1号学生和2号学生一起检查车辆的稳定性。

提示:

检查车辆的稳定性,是为了保证车辆的安全举升。

6. 检查完毕,2号学生操纵举升机,将车辆举升至规定高度,可靠停驻,方可进入车下作业。

提示:

严禁车辆重载举升;严禁车内有乘员;严禁晃动车辆;严禁车下站人或从车下穿过。

学习任务九　车身尺寸电子测量

### 第三步　连接 SHARK 电子测量仪

1. 1 号学生和 2 号学生分别将前后测量横梁固定支架放置在车辆底部。

提示：

测量横梁固定支架应放置在车辆中心线上，且两个固定支架之间的距离不宜过大。

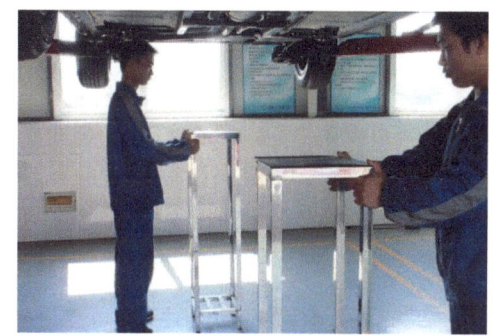

2. 1 号学生和 2 号学生配合将测量横梁放置到固定支架上。

提示：

测量横梁前部箭头方向应与车辆的前部的方向一致，且要求车辆底部与测量横梁间的距离为 30～40cm。

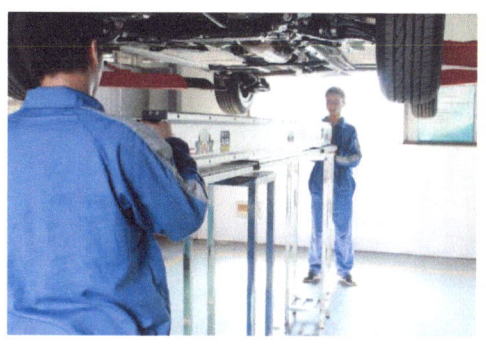

3. 1 号学生将控制柜电源线与插座连接。

提示：

主电源要求带地线 220V 插头，建议主电源连接稳压保护器。

4. 2 号学生将通信电缆传递给 1 号学生。

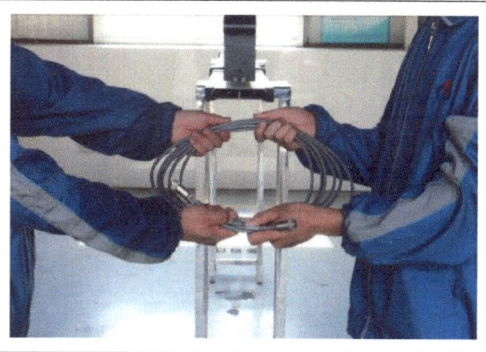

(续)

5. 1号学生连接通信电缆与控制柜。

 提示：
连接时注意特殊接头的正确位置。

6. 1号学生连接通信电缆与测量横梁。

 提示：
连接时注意特殊接头的正确位置。

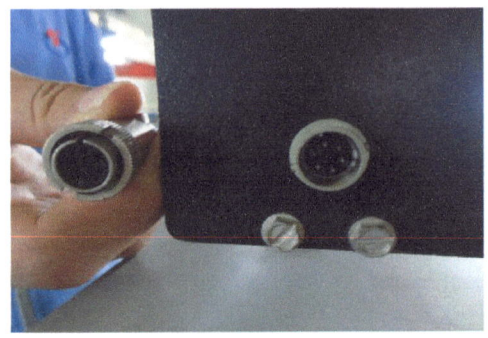

7. 1号学生将控制柜侧面开关打开至"1"位置上。

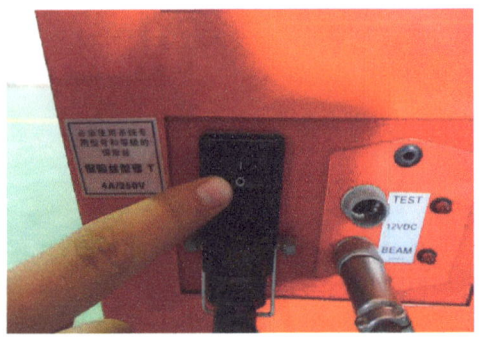

8. 1号学生打开控制柜内电脑主机开关，启动电脑，打开显示器。

## 学习任务九 车身尺寸电子测量

### 第四步 基本信息选择

1. 1号学生打开SHARK电子测量系统，进入系统"欢迎界面"。

 提示：

界面选择栏中，【F1】表示继续、【F6】表示退出Windows（将终止SHARK W32程序）、【F8】表示退出（此选项将返回上一个界面）。

2. 1号学生按下【F1】进入"工单"界面。

 提示：

1号学生根据"工单"界面提示，输入相应的"客户信息"与"车辆信息"，以便数据的存储。

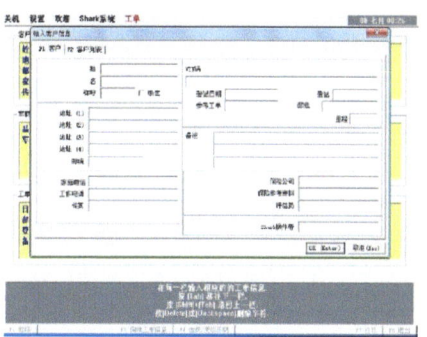

3. 工单输入完毕，1号学生按下【ENTER】键，进入"选择车型"窗口，操作鼠标或使用上/下箭头键进行"车辆品牌"选择。

 提示：

窗口中，F1为品牌选择，F2为车型选择。

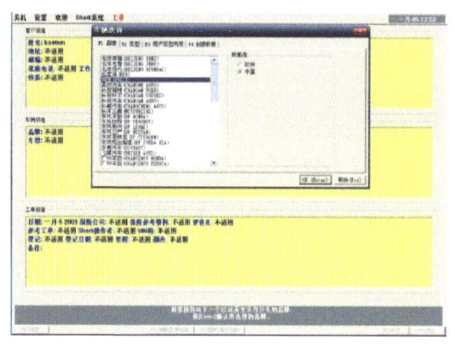

4. 1号学生按下【ENTER】键进入"F2--车型选择"。

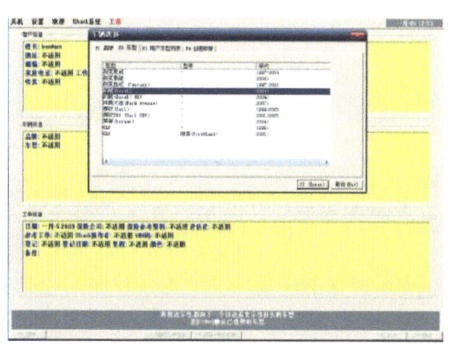

139

(续)

5. 1号学生按下【ENTER】键进入"工单预览"界面，确认客户、车辆信息。

 提示：

界面选择栏中，【F1】表示继续——"进入下一界面"，【F3】表示编辑工单界面——"修改客户信息"，【F4】表示选择/更改车辆——"更改车辆的型号"。

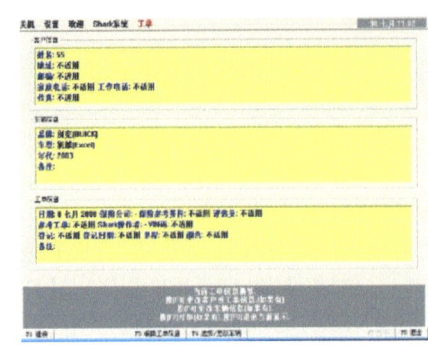

### 第五步　选择基准点、测量点

1. 1号学生按下【F1】键进入"准备"界面。

 提示：

该界面中，显示了车型底部的俯视图和侧视图。

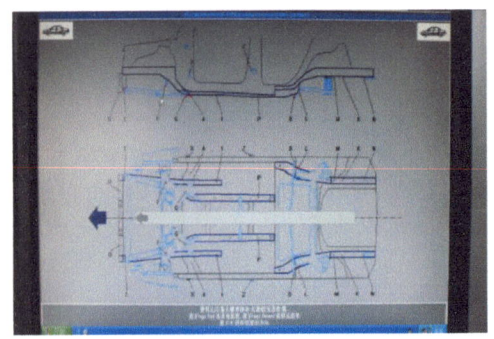

使用【Page up】键、【Page down】键或左/右箭头可清除或添加车辆悬架图。

 提示：

操作中可根据实际需要，全部或局部添加和清除悬架图。

2. 1号学生按下【F1】键进入"基准点"界面。

 提示：

基准点的选择原则：选择1组（一般为左右两个）没有损坏的测量点作为基准点，该点应尽量选在车上没有碰撞的区域。

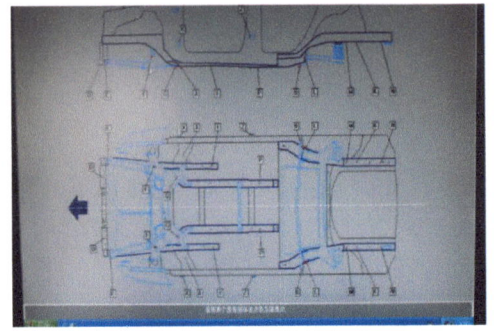

## 学习任务九 车身尺寸电子测量

（续）

3. 1号学生操作鼠标单击选择基准点——A点，并读取对话框中该点的信息。

提示：

选择基准点后，电脑自动将该点的基本信息显示在对话框内。

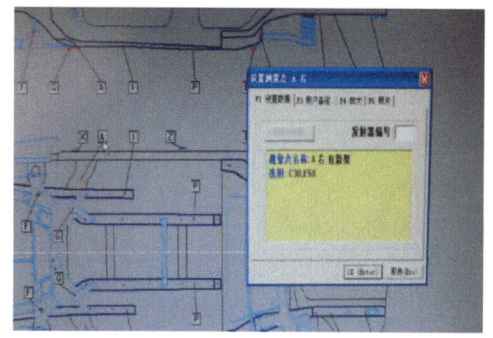

4. 1号学生根据车型底部数据图提示，在车身上找到基准点——A点的位置。

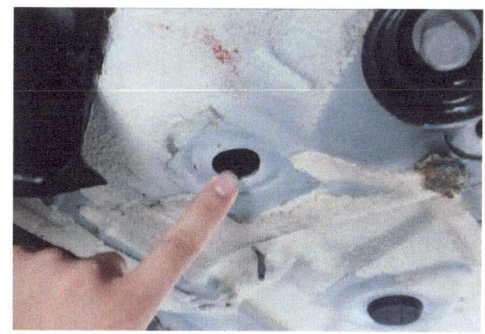

5. 1号学生使用内六角扳手将测量附件分别安装到两侧基准孔内，并检查是否固定牢靠。

提示：

1）使用内六角扳手固定测量附件时，扳手与测量附件应呈垂直状态，防止在安装过程中损坏测量附件。

2）用手垂直轻拉或轻微晃动测量附件，检查其是否固定牢靠，如脱落，应重新固定。

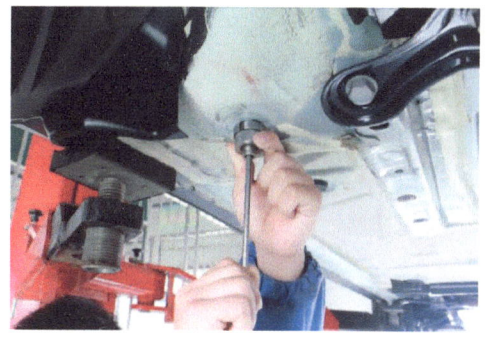

6. 1号学生将发射器分别与两侧测量附件连接，并将发射器插头连到一个有标号的横梁插座内。

提示：

发射器应正面朝向测量横梁，以保证发射器发射的超声波，能被测量横梁的高频拾音器接收到。

(续)

7.1号学生操作键盘将测量横梁插座标号输入对话框内,按下【Enter】键,自动进入"测量点"界面。

提示:

一般情况下,左右横梁插座号应该自动出现在发射器数字框。如果没有,可使用键盘手动输入插座号。

8.1号学生操作鼠标单击选择测量点——L点,并读取对话框中该点的信息。

提示:

测量点的选择原则:选择一组(一般为左右两个)没有损坏的点作为测量点,该点应尽量选在车上没有碰撞的区域。

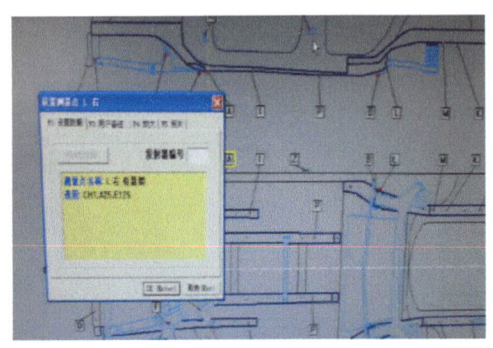

9.1号学生使用内六角扳手将测量附件分别安装到两侧基准孔内,并检查是否固定牢靠。

10.1号学生将发射器分别与两侧测量附件连接,并将发射器插头连到一个有标号的横梁插座内。

学习任务九 车身尺寸电子测量

(续)

11. 1号学生操作键盘将测量横梁插座标号输入对话框内,按下【Enter】键,自动进入"其他测量点"界面。

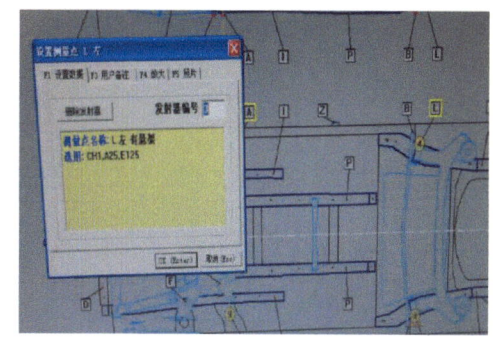

### 第六步 测量、读取车身数据

1. 1号学生按下【F1】键,进行测量。

 提示:

测量过程开始,能听到微弱的噪声,说明发射器在向横梁发射超声波。几秒钟之后,测量结果会出现在屏幕上。

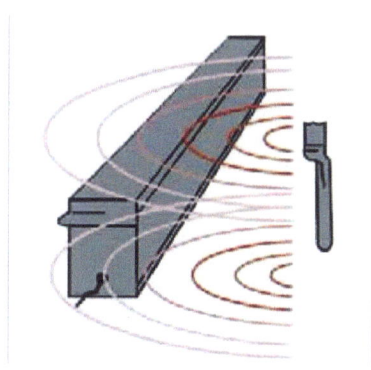

2. 1号学生读取测量数据并记录。

 提示:

1)车辆测量结束,三列数据结果为零,表示所有的点都符合数据库数值。这就是说车辆制造零误差。

2)未碰撞过的新车也有误差,那是车厂的实际制造误差。此误差每个车厂都不同,甚至车型之间也有不同。因此很难具体量化不同车厂和车型的实际制造误差。

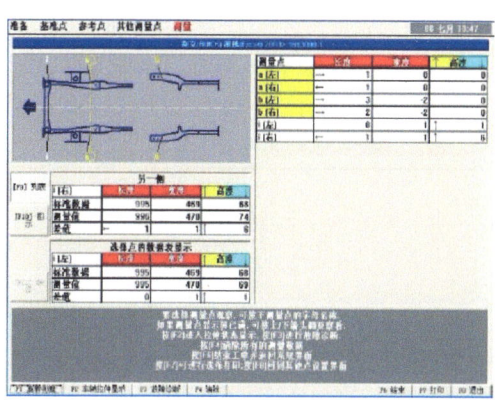

143

### 第七步  拆卸发射器与辅助工具

1. 1号学生按下【F8】键,将系统退回主界面。

2. 1号学生依次将插下所有发射器,并传递给2号学生,2号学生将其放置规定位置。

 提示:

拆卸时,一手应扶住接杆与固定附件,一手垂直拆卸发射器,严禁扭曲或倾斜。

3. 1号学生使用内六角扳手,拆卸车身底部所有连接附件,并将其传递给2号学生,2号学生将其放置在规定位置。

 提示:

附件的E系列加长杆要按照杆上的图示说明旋转直拔,不允许斜着拔;C20、C30、CH1上连接着发射器或E系列加长杆时,拆卸发射器或E系列加长杆要一只手按住C20、C30、CH1,另一只手拆卸,防止C20、C30、CH1支腿的损坏。

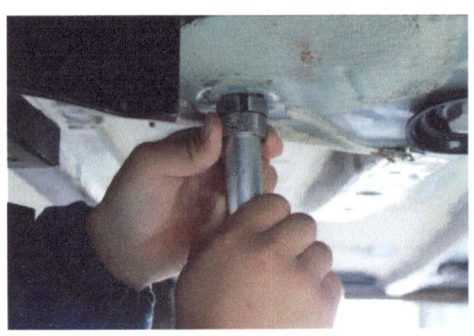

### 第八步  整理仪器

1. 1号学生关闭电脑、显示器,并将控制柜开关拨至"0"档,断开电源。

学习任务九 车身尺寸电子测量

（续）

2. 1号学生将通信电缆与测量横梁断开。

提示：
拆卸时，应注意通信电缆的接头。因先解除接头防松卡子，后断开通信电缆。

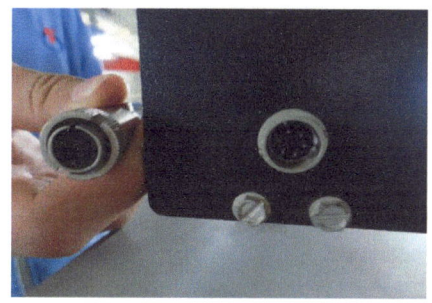

3. 1号学生将通信电缆与控制柜断开。

4. 1号学生和2号学生配合将测量横梁从支架上取下，放置在规定位置。

提示：
测量横梁为高精度仪器，取下时应小心将其抬起，后放置于地面，严禁野蛮操作。

5. 1号学生和2号学生将测量横梁支架从测量底部移出，将其放置在规定位置。

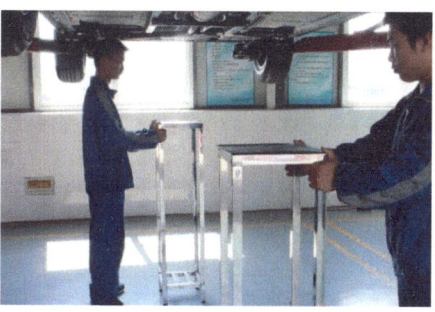

### 第九步 下降车辆

1. 1号学生解除举升机保险,下降车辆。

提示:

操作举升机前,必须确认车辆底部无操作人员后才可能进行下降操作。

2. 车辆平稳落地且托垫和支撑点分离后,1号学生和2号学生推回抽拉臂、提升臂。

提示:

调整抽拉臂和提升臂的主要目的是便于车辆驶出工位。

### 第十步 清洁整理工具、工位

1. 1号学生取下室内四件套,传递给2号学生。2号学生将其放置在包装袋中。

提示:

保护罩用薄塑料制成的,易破损。所以拆装时注意保护,以增加使用次数。

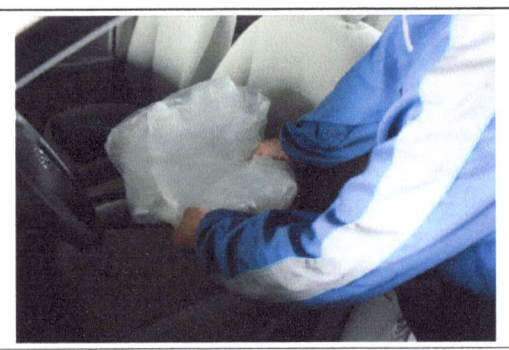

2. 1号学生、2号学生共同擦拭车辆、整理工具、清洁场地,处理废弃物。

提示:

作业项目完成后,要搞好工位的清洁、整理和整顿工作,培养良好的工作习惯。

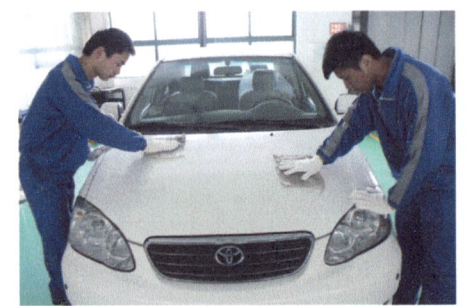

学习任务九　车身尺寸电子测量

### 四、课后练习

1. 简述如何正确识读车身尺寸底部数据图。

2. 为什么要进行车身尺寸测量？车身尺寸电子测量仪的特点是什么？其工作过程如何？

3. 实训小结。

### 五、操作能力考核表

**考核表标准（满分100分，时间共20 min）**

| 考核时间 | 序号 | 考核项目 | 满分 | 评分标准 | 得分 |
|---|---|---|---|---|---|
| 20min | 1 | 工作前整理工位 | 6 | 酌情扣分 | |
| | 2 | 安全防护用品的使用情况 | 2 | 操作时不戴手套扣2分 | |
| | | | 2 | 操作时不穿安全鞋扣2分 | |
| | 3 | 举升车辆 | 5 | 未正确举升车辆扣5分 | |
| | 4 | 将前后测量横梁固定支架放置车辆底部 | 4 | 未正确放置测量横梁固定支架扣4分 | |
| | 5 | 将测量横梁放置在固定支架上 | 5 | 未正确将测量横梁放置在固定支架上扣5分 | |
| | 6 | 连接通信电缆与控制柜 | 5 | 未正确连接通信电缆与控制柜扣5分 | |
| | 7 | 连接通信电缆与测量横梁 | 4 | 未正确连接通信电缆与测量横梁扣4分 | |
| | 8 | 基本信息选择 | 10 | 未正确选择基本信息扣10分 | |
| | 9 | 选择基准点与测量点 | 16 | 未正确选择记着点与测量点扣16分 | |

(续)

| 考核时间 | 序号 | 考核项目 | 满分 | 评分标准 | 得分 |
|---|---|---|---|---|---|
| 20min | 10 | 测量读取车身数据 | 10 | 未正确测量读取车身数据扣10分 | |
| | 11 | 拆卸发射器与辅助工具 | 4 | 未正确拆卸发射器与辅助工具扣4分 | |
| | 12 | 断开通信电缆与测量横梁 | 5 | 未正确断开通信电缆与测量横梁扣5分 | |
| | 13 | 断开通信电缆与控制柜 | 4 | 未正确断开通信电缆与控制柜扣4分 | |
| | 14 | 将测量横梁从支架上取下 | 5 | 未正确将测量横梁从支架上取下扣5分 | |
| | 15 | 下降车辆 | 5 | 未检正确下降车辆扣5分 | |
| | 16 | 清洁整理工具工位 | 2 | 未清洁整理工具工位扣2分 | |
| | 17 | 超过规定操作时间 | 6 | 每超时1min扣2分，扣完为止 | |
| | 18 | 遵守相关安全规范 | | 因违规操作造成人身和设备事故的，总分按0分计 | |
| | | 分数合计 | 100 | | |

# 学习任务十

## 车门板的修复工艺

**Task 10**

### 学习目标

完成本学习任务后，你应当达成如下目标：

1. 知识目标
1) 正确理解车门的结构。
2) 掌握金属材料变形的特点。
3) 正确分析变形区，并根据变形特点制定修复程序。

2. 能力目标
1) 掌握车身板件基本维修工具、设备的使用方法。
2) 掌握车身板件修复的基本原则。
3) 掌握车身板件变形的基本维修方法。

3. 养成目标
1) 培养不畏技术困难，努力钻研技术的习惯。
2) 强化安全操作知识。

### 建议学时

建议完成本学习任务的时间为 18 课时。

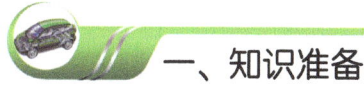
### 一、知识准备

乘用车大多采用整体式车身，当车身上一些外覆盖板件受到损坏时，可以对其进行钣喷加工处理，消除金属板上的凸起、凹坑和折皱。如车门、翼子板等覆盖件的外板损坏，可以根据损坏情况判定是更换总成，还是整平修理。如果损坏较轻，可以整平、拉伸修复。如果撞击处加工硬化的程度高，从面板背面不易修理以及门框损坏严重，影响车身出厂参数，则需要整体更换。如果损伤未影响到内部整体式车身的结构，则只需更换外部面板。

车身板件修复不恰当,不仅在表面上会给人比较粗糙和拼凑的感觉,而且还会影响到车辆的使用寿命,甚至给车辆埋下安全隐患。例如:车辆在使用过程中出现的渗水、漏风、进灰尘、异响等故障,多数情况是因为板件修复不到位。

**引导问题一　金属材料的变形有哪些特点?**

### 1. 金属的内部结构

几乎所有的金属都是晶体,即原子按照一定规律有序排列而成的物质,钢材是由铁和其他合金原子按照一定排列形式组成的晶体组织。

### 2. 金属的变形

金属在外力的作用下,其内部原子发生移动,晶格(晶粒)的位置和形状发生了改变,当外力消除以后,移动距离较小的原子可能会回到原始位置,而移动距离较大的原子会在新的位置产生新的平衡。因此,外力消除后,金属材料可能恢复到原来的形状,也有可能不能恢复到原来的形状。

### 3. 变形的分类

按照金属材料所受外力的大小和原子恢复情况,将变形分为弹性变形和塑形变形,如图 10-1 所示。

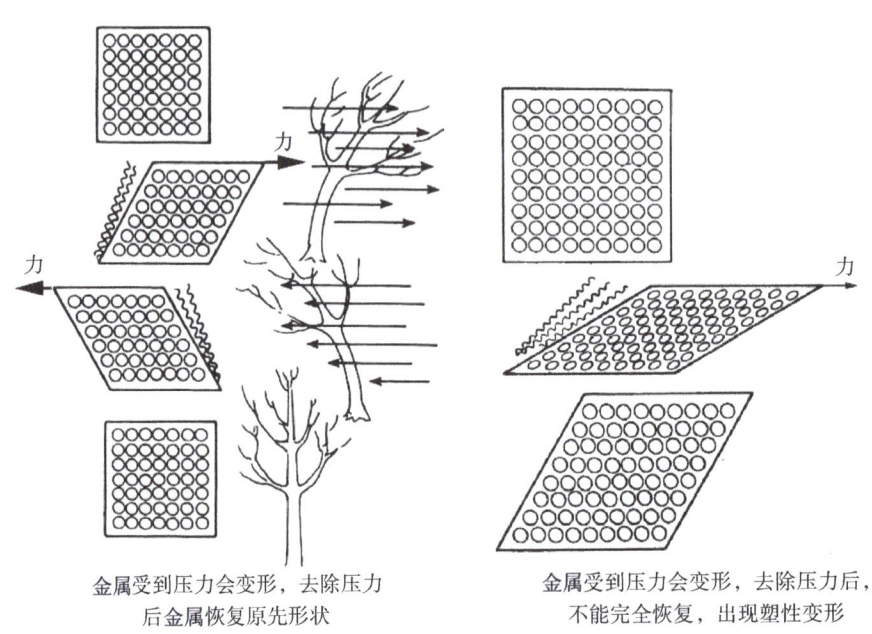

金属受到压力会变形,去除压力　　　金属受到压力会变形,去除压力后,
后金属恢复原先形状　　　　　　　　不能完全恢复,出现塑性变形

图 10-1　金属材料的变形种类

1)弹性变形:随外力的作用而产生,随外力的去除而消失的变形。
2)塑性变形:外力去除后不能完全恢复原状的变形。

同一个区域内弹性变形和塑形变形同时存在,且弹性变形是随着塑形变形产生而产生的,应按照变形特征加以区分。在修复车身钢板变形时,通常可以简单地将钢板表面明显的折损痕迹称为塑性变形,而将周边没有明显折痕的大范围凹陷称为弹性变形。

> 💡 **小提示**
>
> 板件受外力产生变形的过程,以及修复时的反复锤击也会使板件产生塑性变形,这些都会造成板件厚度和表面面积发生改变,使板件修平后出现延展拱曲,甚至会改变钢板的力学性能。

为便于观察和区分损伤类型,制定合理的修复流程,避免在修复过程中产生更多人为损伤而增加修复难度,在此将变形区域以另一种方式加以区分,如图10-2所示。

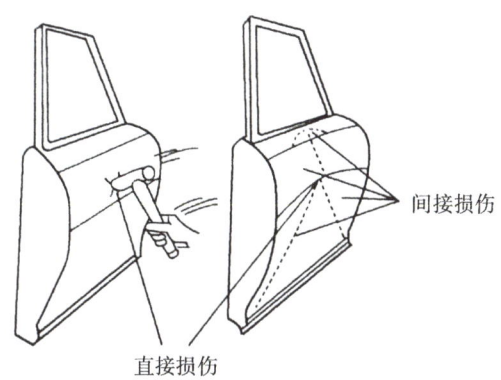

图 10-2　金属材料的损伤类型

直接损伤:直接撞击部位发生的损伤,通常占所有损伤的 10%~20%。

间接损伤:外力通过直接撞击点在车身结构中继续传递所产生的损伤,通常占所有损伤的 80%~90%。

> 💡 **小提示**
>
> 和弹性变形与塑性变形之间的关系类似,直接损伤与间接损伤之间也有一定的因果关系,因为存在于同一变形区域,彼此之间互有影响,但影响的程度却不同,如果在维修过程中不按照一定的顺序进行操作,往往会将板件越修越差,甚至导致板件报废。

### 引导问题二　修复车身板件时应遵循哪些基本原则?

1)大致修复变形量大的直接损伤,减少直接损伤对周边的影响。如直接损伤变形量不大,且变形区对周边板件影响较小时,应由外向内先修复间接损伤区域,再修复直接损伤区域。

2)修复原有加工硬化区域产生的新的变形,再修复一般平整区域产生的变形。

3)修复塑性变形部分,相关弹性变形会随之消失。

4)先进行整体的大致修复,再逐步进行精确修复。

> 💡 **小提示**
>
> 因为碰撞产生的变形多种多样,在分析变形中,上述方法不分先后,在制定维修程序与

实际维修过程中也应综合考虑，视具体损坏情况灵活运用。

### 引导问题三 ▶ 轿车车门的结构是怎么样的？

车门由门外板、门内板、上加强板、下加强板、门锁加强板、铰链加强板、铰链和防撞梁等组成。门外板、门内板和加强板都由薄板冲压成形，并通过焊接连接成一个整体的受力结构。

车门是一个综合的转动部件，和车厢共同构成容纳乘员的空间范围，应具有足够大的强度、刚度和良好的整体运动特性，以满足车门闭合时耐冲击性及侧碰时的耐撞性等要求。而车门覆盖件是通过电阻定位焊、折边、车门密封胶等方法连接起来的，保证车身外部表面密封良好，防止内构件的腐蚀、泄漏，并起到整体外观美化的效果。

### 引导问题四 ▶ 什么是车身整形修复机？其特点是什么？

#### 1. 车身整形修复机

车身整形修复机又称为介子机。它作业简单、实用、快捷、工作效率高，如图10-3所示。它的工作原理是利用电极头上夹持的各种附件与车身板件接触，通过大电流，使接触部位产生电阻热，获取与需求相对应的各种功能。修复机连接方式通常分为熔值定位焊和垫片焊接，通常随机会带有很多附件，如碳棒、铜接头及各种规格的销钉、螺钉等，以满足热收缩、钢板焊接销钉或螺钉等功能的要求，有的还具有电阻焊功能，但由于电流达不到要求，电阻焊接质量很难令人满意。

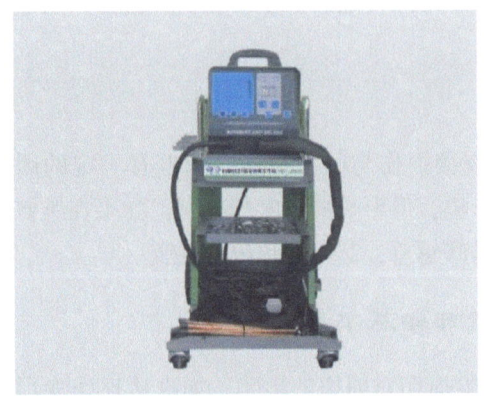
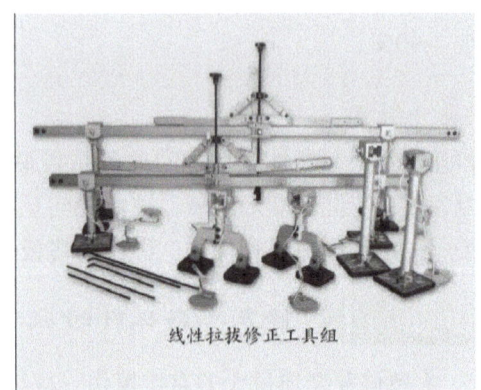

线性拉拔修正工具组

图10-3 车身整形修复机

#### 2. 车身整形修复机的特点

车身整形修复机适合对一些内部无法触及的钢板损伤部位进行整形，修复时只需通过一定的焊接方式，将钢板凹陷部位从外部拉出即可，与传统的手工作业相比有很大的优势。车身整形修复机对损伤部位控点较准，很少会造成钢板延展，由于焊接时的热影响，对已产生延展的钢板还具有收缩作用，即使一些只需拆卸极少零部件即可触及内部的损伤钢板，很多时候也可以采用车身整形修复机进行作业。

## 学习任务十 车门板的修复工艺

**引导问题五** 怎样分析车身碰撞变形？

影响碰撞变形的因素有很多，包括车辆本身的结构、碰撞的角度和位置、碰撞力的大小、碰撞物等。

分析车身碰撞首先就要了解车身构造的类型，例如车身的吸能区是容易发生变形和损坏的，一般轿车在前部和后部都设计了吸能区（图10-4）。前部的保险杠支撑、前纵梁、挡泥板、发动机室盖设计了吸能区；后部的保险杠支撑、后纵梁、挡泥板、后行李箱盖设计了吸能区。

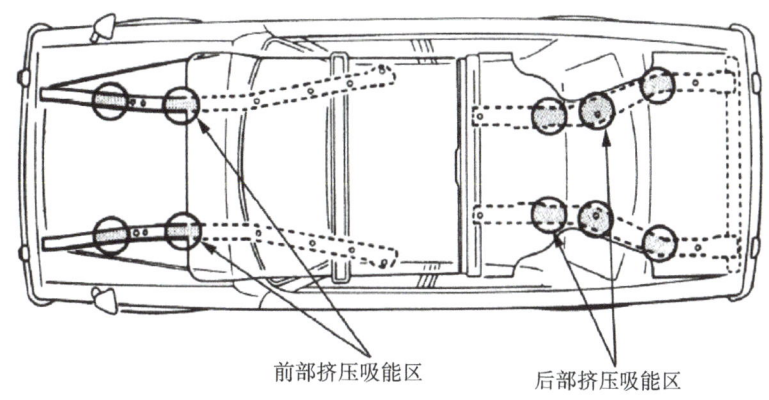

前部挤压吸能区　　后部挤压吸能区

图10-4　车身吸能区的方位

一般观察碰撞部位的结构损伤时，要估计汽车受撞力的大小和方向，再判断碰撞如何扩散并造成损伤，沿着碰撞路线系统的检查车身和其他部件可能存在的损伤。承载式车身在碰撞时，撞击能量通过车身扩散，可能会引起沿车身扩散方向车身薄板的损伤（图10-5）。可以通过观察板件连接点有没有错位断裂、油漆层、内涂层及保护层有没有裂痕和剥落，零件的棱角和边缘有没有异样等现象来发现部件的损伤。

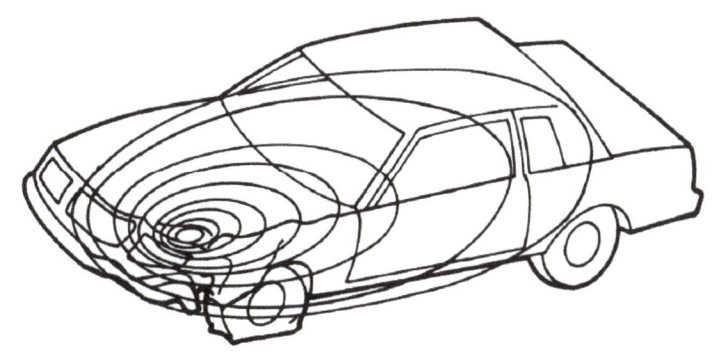

图10-5　车身碰撞变形时力的传递

确定车身碰撞损伤过程中要注意：碰撞力会穿过刚性大的部件，最终传递深入至车身部件内并损伤薄弱部件；要注意检查板件连接点有没有错位、断裂，加强筋等加固材料有无裂缝等；目测或使用量具检查车身部件的间隙与配合，判断是否发生变形。通过检查可以发现存在的损伤，例如通过检查门的配合状况可以发现支柱的损伤。

通过对车身碰撞损伤的分析，可以确定维修方案。例如，对损伤的前车门进行评估，通过目测车门的损伤面积是否过大、拆检车门后查看内防撞钢管等变形是否严重，判断对车门更换还是修复。

## 二、技术标准与要求

1. 拉伸和压缩过的车门覆盖件要符合原厂的形状，尺寸和使用性能，以及再次承受冲击载荷的要求。
2. 车门覆盖件修理后，不应变形、松旷并发出使人不舒服的噪声。
3. 更换车门覆盖件时，需采用原厂工艺进行连接。
4. 严禁使用高温加热覆盖件进行修理（如氧乙炔加热）。

## 实训器材

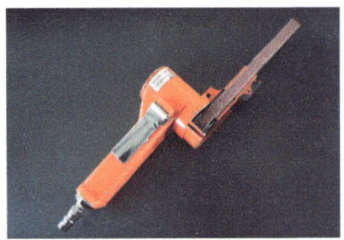

气动带式研磨机

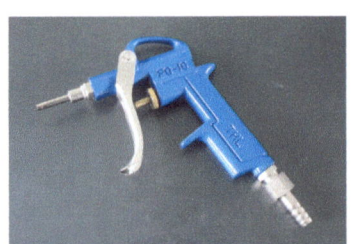

气枪

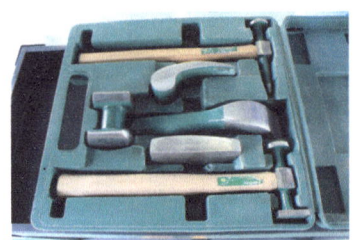

钣金锤

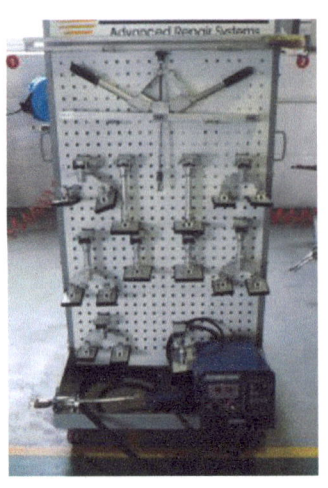

车门快速修复组件

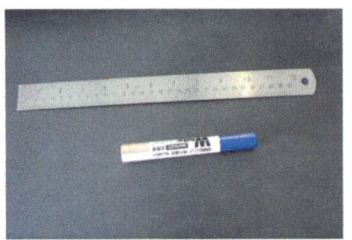

钢直尺、记号笔

学习任务十 车门板的修复工艺

### 1. 教学组织形式
每辆车安排 4 名学生参与实训,两名学生一组,一组操作,一组观察学习。

### 2. 学生站位分工和要求
两名学生一组,按照 1 号、2 号进行编号,1 号为主,2 号为辅助。

### 3. 实训教师职责
讲解操作步骤和注意事项;下达"操作开始"口令;工位间巡视、检查、指导和纠正错误。

### 4. 学生职责变换
两名学生实行职责变换制度,即第一遍 1 号为主,2 号辅助;第二遍 2 号为主,1 号辅助。

| 第一步　穿戴防护用品 |

1. 2 号学生将防尘口罩递给 1 号学生,1 号学生穿戴防护口罩。

 提示:

1) 防尘口罩要与面部完全贴合,防止灰尘进入呼吸道系统。防尘口罩的主要作用为过滤空气中的尘埃。

2) 扳开防尘口罩上的铝片,拉起下皮绳套在头上,拉起上皮绳套入头上,用手按住整个口罩,使口罩与面部完全接触。

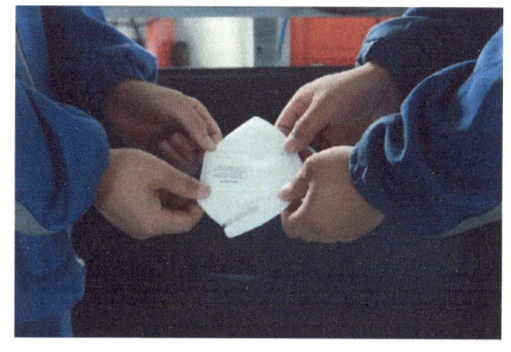

2. 2 号学生将防尘眼镜递给 1 号学生,1 号学生佩戴防尘眼镜。

 提示:

1) 防尘眼镜是在打磨旧漆膜时使用的,因打磨时有较多的灰尘,它可有效防止灰尘进入眼部。

2) 拉起防尘眼镜皮绳,并套到头上,皮绳要卡于耳朵的上方。眼镜在鼻子部位要略扣于防尘口罩上,防止防尘眼镜因密封不好而起雾。

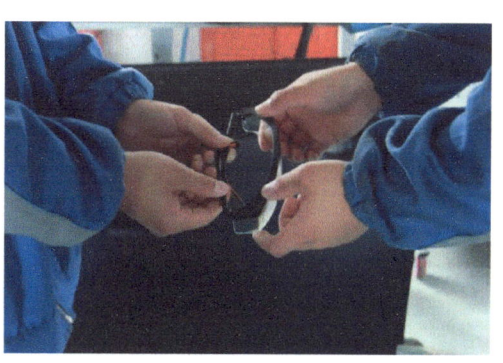

(续)

3. 2号学生将棉丝手套递给1号学生,1号学生佩戴棉丝手套。

 提示:

棉丝手套主要是防止在操作过程中因毛刺、焊点锋口、电热弧等使手受伤。

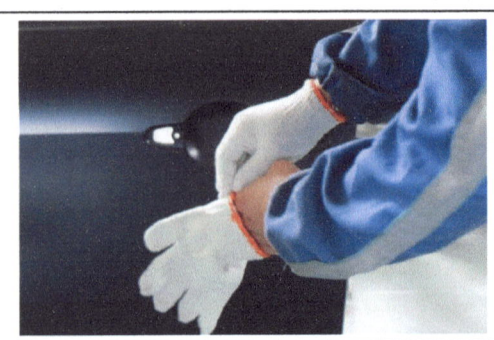

### 第二步 判断损伤区域

1. 1号学生用目测法,判断损伤区域。一只手扶住门板边缘,另一只手与眼睛配合,观察损伤面上、下的损伤面积。

 提示:

目测法判断损伤区域主要从侧面,通过旧漆膜的反光面上、下高度方向的损伤情况。

2. 2号学生将钢直尺和记号笔递给1号学生。

 提示:

钢直尺和记号笔在直尺判断法时使用。

3. 1号学生使用钢直尺和记号笔量出水平方向的变形量,并确定损伤区域的打磨范围,做好记号。量出损伤面积的长、宽的尺寸,并确定损伤面积的一倍大小,做区域拉伸处理。

 提示:

直尺判断法只能判断水平方向的损伤范围,不能判断高度的损伤范围。

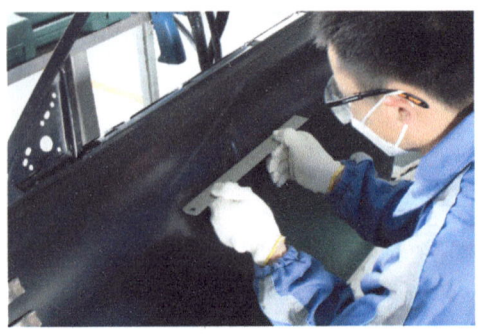

学习任务十　车门板的修复工艺

（续）

4. 1号学生将损伤区域长、宽方向的4个点连成相对规则的形状，并将预拉伸区域的点也连成相对规则的形状。

提示：

损伤区域和预拉伸区域都需进行裸金属打磨处理。预拉伸施工时，应将操作控制在预拉伸区域范围。预拉伸区域也应方便给防锈处理和原子灰刮涂处理预留位置。

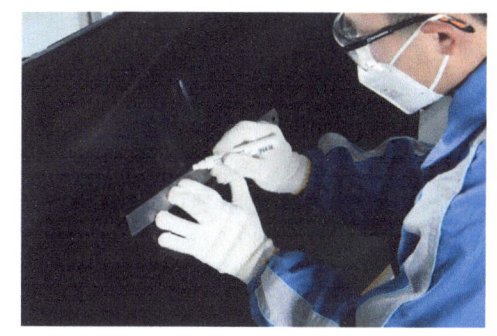

### 第三步　打磨旧漆膜

1. 2号学生将研磨机传递给1号学生，1号学生站立将研磨机吸尘管拉直，并将吸尘管背于肩上，使吸尘袋自然垂直于背后。成半蹲式将研磨机与气路快速接口连接。

提示：

一只手张开握住气动自吸式研磨机，另一只手将气路快速接口对准研磨机快速接头，用力往里按（气体压力较大，接入时要稳、准）。

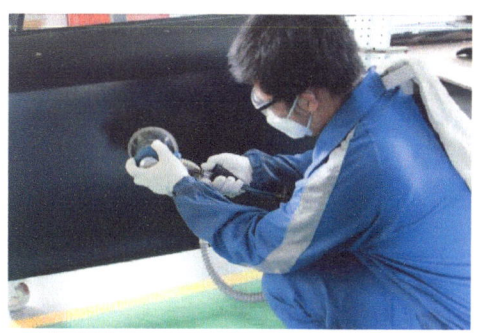

2. 1号学生使用自吸式研磨机，打磨损伤区域和预拉伸区域。

提示：

将气动自吸式研磨机轻压于门板打磨区域，翘起研磨机5°～10°，先打磨预拉伸区域边缘至裸金属。移动速度要均匀，不能停滞在一个部位反复打磨，使门板发热变形。不能用力过猛和按在门板上，使门板产生再次变形。

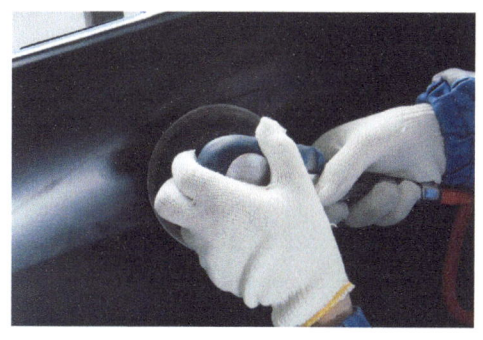

3. 打磨区域整体效果示意图。

提示：

1）打磨后的效果图：打磨出来的面积要达到损伤中心一倍以上（例如：损伤长度为80mm，高度方位应达到240mm，宽度方向应达到160mm）。

2）羽状边缘是为下道工序（原子灰刮涂）预留处理区域，宽度应控制在3～5mm。

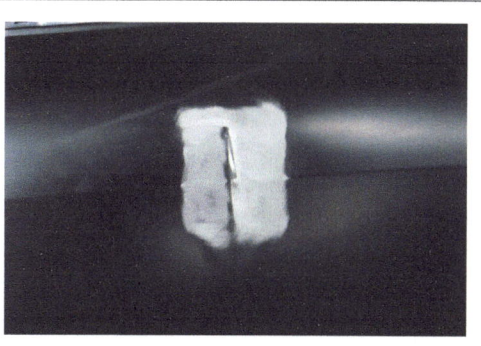

(续)

4. 2号学生将气动带式研磨机传递给1号学生，1号学生将气动带式研磨机接上气路快速接口。

💡 **提示：**

1）一只手张开握住气动带式研磨机，另一只手将气路快速接口对准研磨机快速接头，用力往里面按（气体压力较大，接入时要稳、准）。

2）气动带式研磨机转速较快，易将金属表面磨薄，不适合大面积研磨。

5. 1号学生使用气动带式研磨机打磨受损部位。

💡 **提示：**

1）研磨机于门板表面夹角应控制在30°~45°，保证磨削力度。

2）研磨时，力度控制要适度，研磨机与板件接触即可，不可用力按在门板件上。

3）带式研磨机有方向，打磨时，带轮转动方向为顺时针方向（有些研磨机标有向上标记或带轮转动方向标记）。

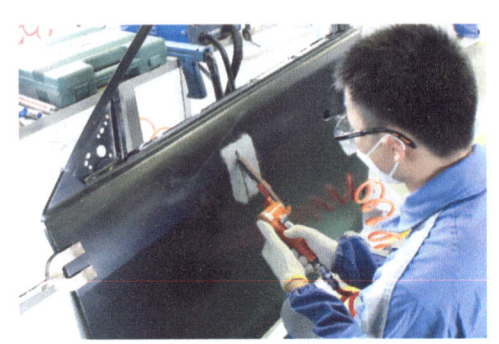

6. 门板打磨后效果示意图。

💡 **提示：**

门板打磨后表面要无旧漆膜，完全露出裸金属，以防止拉伸过程中产生脱焊现象。

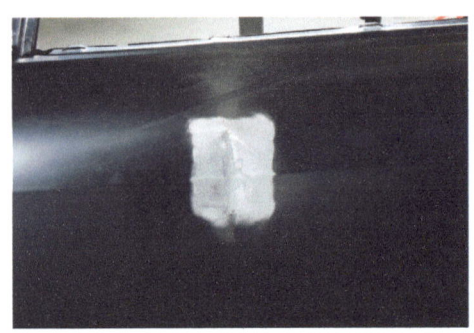

## 第四步　清洁

1. 2号学生将气枪传递给1号学生。

💡 **提示：**

门板裸金属表面旧漆膜及尘埃等需用气枪吹干净，防止在拉伸过程中产生脱焊现象。

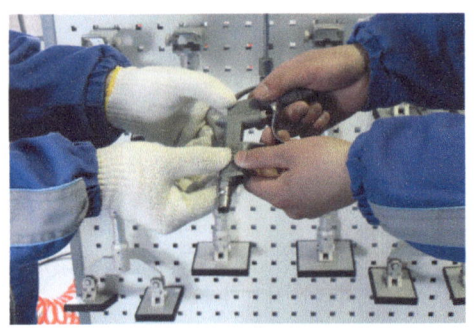

## 学习任务十 车门板的修复工艺

(续)

2.1 学生号将气枪接上气路快速接口。

 提示：

一只手张开握住气枪，另一只手将气路快速接口对准研磨机快速接头，用力往里按（气体压力较大，接入时要稳、准）。

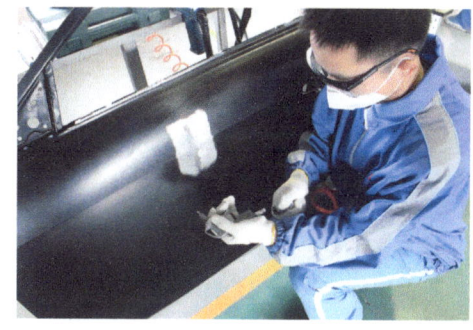

3.1号学生使用气枪和清洁布，清洁门板裸金属表面。

 提示：

1）一只手按住气枪，利用压缩空气将旧漆膜吹于清洁布上。另一只手按住清洁布，在整扇门板上快速移动擦拭留于门板上的旧漆膜。
2）气枪与门板成30°~45°夹角，保证旧漆膜黏附于清洁布上，防止过多颗粒飞扬在空气当中。

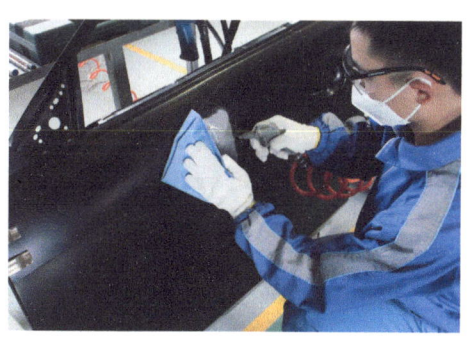

### 第五步　拉伸

1.1号学生用平口钳将地线夹到车门板角边缘裸金属处。

 提示：

1）2号把平口钳递给1号学生，1号学生将外形修复机地线固定在门角边缘裸金属处。
2）如门板只是局部补漆，不进行整扇门全喷的操作，则要靠近补漆部位最近的裸金属位置固定搭铁。

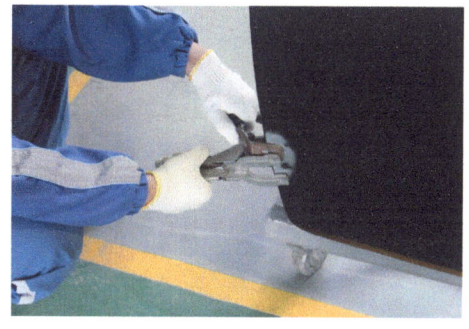

2.1号学生打开外形修复机电源，并调整焊接参数。

 提示：

1）选用三角焊片修理类型档位。
2）调整焊接电流和时间（根据各场地的电压负荷，板件的厚度进行调整）。

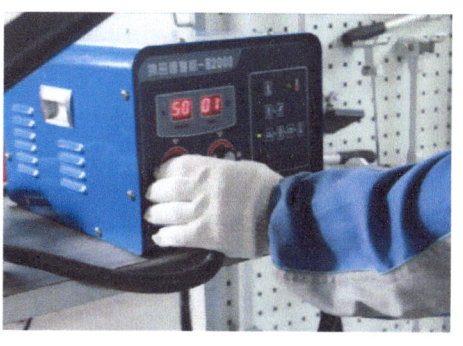

（续）

3. 1号学生使用拉锤离直接损伤区域最远点先进行拉伸，缓慢地向中间靠拢。

 提示：

1）以90°的角度从板面垂直拉出。
2）从原来的钢板面轻轻地向外拉出，拉拔量（力度）不超过原平面，以2~3mm为宜。

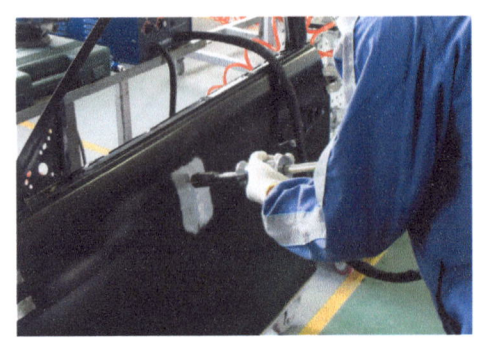

4. 外形修复机拉锤与钢板表面垂直示意图。

 提示：

拉锤与钢板表面不垂直将会产生分力，影响修复效果。

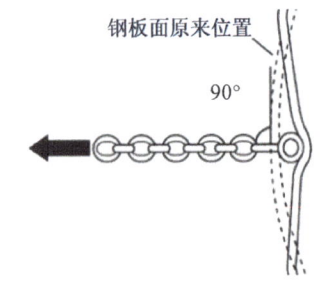

5. 1号学生拉住拉锤，使用钣金锤敲击高点，去除板件应力。

 提示：

1）拉伸中，如用力过猛出现高点，使用钣金锤靠近三角片处，轻轻敲击高点。
2）敲击后，确认平面高度，并视需要再次拉拔。
3）消除应力敲击应同时进行，以三角片为中心使用钣金锤轻轻敲击，并向外扩散。

6. 使用钣金锤敲击如右图所示。

 提示：

钣金锤敲击时，如果敲击方法不正确，会使板件产生分力，受分力影响，可能产生其他方式的变形，加大修理难度。

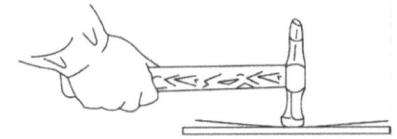

学习任务十 车门板的修复工艺

### 第六步 打磨拉伸痕迹

1号学生使用气动盘式研磨机研磨拉伸痕迹。

 提示：

将气动自吸式研磨机轻压于门板研磨区域，翘起研磨机盘5°~10°，研磨拉伸区拉伸痕迹。移动速度应均匀，不能停滞在一个部位反复研磨，使门板发热变形。不能用力过猛和按在门板上，使门板再次产生变形。

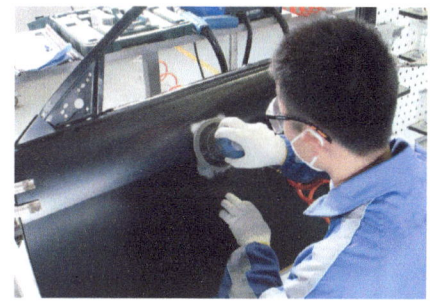

### 第七步 清洁（清洁如上第四步）

### 第八步 测量

1. 2号学生将钢直尺递给1号学生。

 提示：

直尺判断法只能判断水平方向的受损范围，不能判断高度方面的受损范围。

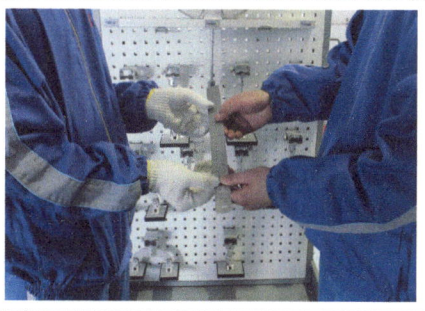

2. 1号学生使用钢直尺进行测量。

 提示：

1）两只手握住钢直尺，使用钢直尺与门板裸金属表面完全接合，并成直角。
2）直尺判断法采用相对比较法进行测量（相对未受损的原表面进行比较）。

### 第九步 去高点收火

1. 1号学生使用扳手将拉锤拆下。

 提示：

1）将焊枪手柄夹于两腿间，使用扳手把焊枪螺母旋松。
2）扳手受力钳口应朝向受力面。

(续)

2. 1号学生将拆卸下的拉锤挂回外形修复机固定夹位置,并从工具盒中找出铜头。

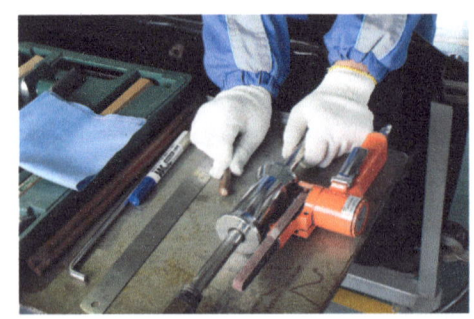

3. 1号学生将铜头装入焊枪中,并用扳手拧紧。

 提示:

检查铜头有无焊渣,如有焊渣,使用锉刀将焊渣清理干净。如铜头烧蚀严重,则更换新铜头。

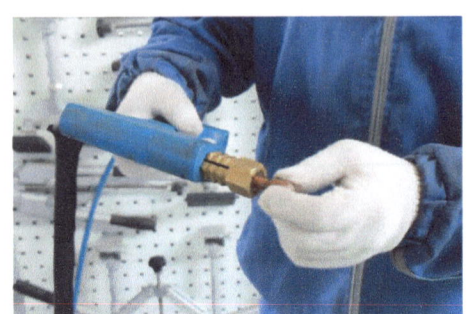

4. 2号学生将压缩空气枪递给1号学生。装气枪方式参照上面装气枪方式。

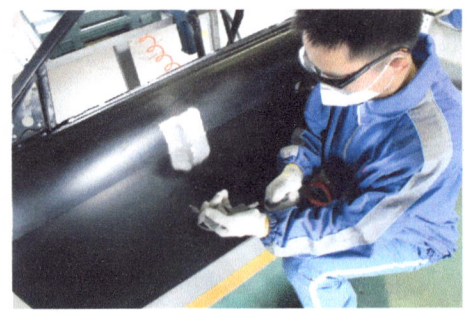

5. 1号学生用铜头配合气枪对板件进行去高点收火处理。

 提示:

1)根据上面的测量点(局部高点)将铜头与门板裸金属表面局部高点完全接合,按下开头加热,并使用气枪马上冷却钢板。
2)收火加热温度应控制在200℃以下,否则温度过高会使钢板内部组织发生变化,影响钢板的力学性能。

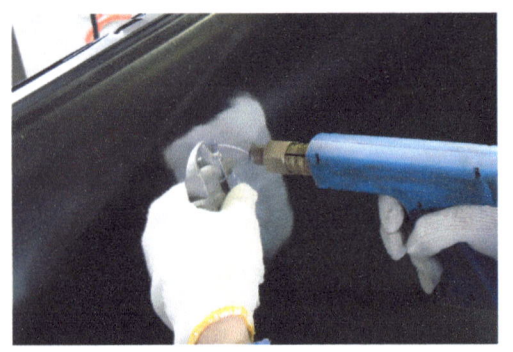

**第十步 打磨收火痕迹(打磨如上第六步)**

**第十一步 清洁(清洁如上第四步)**

### 第十二步 清洁整理工位

1. 擦拭门板。

2. 整理工具。

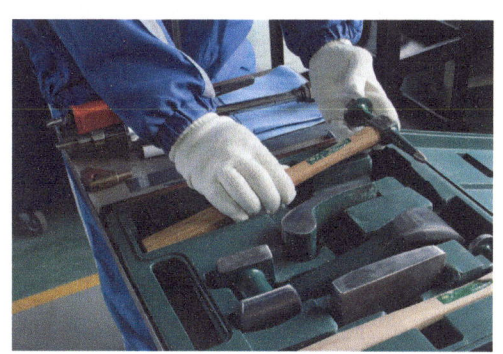

## 四、课后练习

1. 简述金属材料的特点。

2. 车身修复机的作用是什么？有何特点？

3. 实训小结。

## 五、操作能力考核表

考核表标准（满分100分，时间共20 min）

| 考核时间 | 序号 | 考核项目 | 满分 | 评分标准 | 得分 |
|---|---|---|---|---|---|
| 20min | 1 | 安全防护用品的使用情况 | 4 | 操作时不戴手套扣4分 | |
| | | | 4 | 操作时不穿安全鞋扣4分 | |
| | 2 | 判断损伤区域 | 4 | 未正确判断损伤区域扣4分 | |
| | 3 | 用自吸式研磨机打磨损伤区域和预拉伸区域 | 10 | 未正确用自吸式研磨机打磨损伤区域和预拉伸区域扣10分 | |
| | 4 | 将气动带式研磨机接上气路快速接口 | 4 | 未正确将气动带式研磨机接上气路快速借口扣4分 | |
| | 5 | 用气动带式研磨机打磨损伤区域 | 10 | 未正确用气动带式研磨机打磨损伤区域扣10分 | |
| | 6 | 将线夹到车门板边缘裸金属处 | 6 | 未正确将地线夹到车门板边缘裸金属处扣6分 | |
| | 7 | 用钣金锤敲击高点 | 5 | 未正确用钣金锤敲击高点扣5分 | |
| | 8 | 用气动盘式研磨机研磨拉伸痕迹 | 10 | 未正确用气动盘式研磨机研磨拉伸痕迹扣10分 | |
| | 9 | 用钢直尺进行测量 | 5 | 未正确分用钢直尺进行测量扣5分 | |
| | 10 | 用扳手将顶拨器拆下 | 7 | 未正确用扳手将顶拨器拆下扣7分 | |
| | 11 | 将铜头装入焊枪中 | 5 | 未正确将铜头装入焊枪中扣5分 | |
| | 12 | 用铜头配合气枪对板件进行去高点收火处理 | 5 | 未正确用铜头配合气枪对板件进行去高点收火处理扣5分 | |
| | 13 | 打磨收火痕迹 | 5 | 未正确打磨收火痕迹扣5分 | |
| | 14 | 清洁 | 6 | 未清洁扣6分 | |
| | 15 | 超过规定操作时间 | 10 | 每超过1min扣2分，扣完为止 | |
| | 16 | 遵守相关安全规范 | | 因违规操作造成人身和设备事故的，总分按0计分 | |
| | | 分数合计 | 100 | | |

# 推荐阅读

| 书号 | 书名 | 作者 | 定价（元） |
|---|---|---|---|
| \multicolumn{4}{c}{智能网联、新能源汽车专业教材} | | | |
| 9787111715276 | 智能汽车技术（全彩印刷） | 凌永成 | 85 |
| 9787111702696 | 智能网联汽车技术原理与应用（彩色版） | 程增木　杨胜兵 | 65 |
| 9787111710288 | 智能网联汽车智能传感器安装与调试（全彩活页式教材） | 中国汽车工程学会　等 | 49.9 |
| 9787111712480 | 智能网联汽车底盘线控执行系统安装与调试（全彩印刷） | 中国汽车工程学会　等 | 49.9 |
| 9787111709800 | 智能网联汽车计算平台测试装调（全彩印刷） | 中国汽车工程学会　等 | 49.9 |
| 9787111711711 | 智能网联汽车智能座舱系统测试装调（全彩印刷） | 中国汽车工程学会　等 | 49.9 |
| 9787111710318 | 新能源汽车检测与故障诊断技术（彩色版配实训工单） | 吴海东　等 | 69 |
| 9787111707585 | 新能源汽车电动空调　转向和制动系统检修（彩色版配实训工单） | 王景智　等 | 69 |
| 9787111702931 | 新能源汽车整车控制系统检修（彩色版配实训工单） | 吴东盛　等 | 69 |
| 9787111701637 | 新能源汽车动力电池及管理系统检修（彩色版配实训工单） | 吴海东　等 | 59 |
| 9787111706717 | 纯电动汽车构造原理与检修（全彩印刷） | 赵振宁 | 59 |
| 9787111709565 | 新能源汽车维护与故障诊断（配实训工单）（全彩印刷） | 林康　吴荣辉 | 59 |
| 9787111700524 | 新能源汽车整车控制系统诊断（双色印刷） | 赵振宁 | 55 |
| 9787111699545 | 智能网联汽车概论（全彩印刷） | 吴荣辉　吴论生 | 59.9 |
| 9787111698081 | 新能源汽车结构原理与检修（全彩印刷） | 吴荣辉 | 65 |
| 9787111683056 | 新能源汽车认知与应用（第2版）（全彩印刷） | 吴荣辉　李颖 | 55 |
| 9787111615767 | 新能源汽车概论（全彩印刷） | 张斌　蔡春华 | 49 |
| 9787111644385 | 新能源汽车电力电子技术（全彩印刷） | 冯津　钟永刚 | 49 |
| 9787111684428 | 新能源汽车高压安全与防护 | 吴荣辉　金朝昆 | 45 |
| 9787111646242 | 新能源汽车维护与故障诊断（全彩印刷） | 王强　等 | 55 |
| 9787111684862 | 智能网联汽车技术概论（彩色版配视频） | 程增木　康杰 | 55 |
| \multicolumn{4}{c}{传统汽车专业教材} | | | |
| 9787111678892 | 汽车构造与原理　（彩色版） | 谢伟钢　范盈圻 | 59 |
| 9787111702474 | 汽车销售基础与实务（全彩印刷） | 周瑞丽　冯霞 | 59 |
| 9787111678151 | 汽车网络与新媒体营销（全彩印刷） | 田凤霞 | 59.9 |
| 9787111687085 | 汽车销售实用教程（第2版）（全彩印刷） | 林绪东　葛长兴 | 55 |
| 9787111687351 | 汽车自动变速器原理与诊断维修　（彩色版） | 张月相　张雾琳 | 65 |
| 9787111704225 | 汽车机械基础一体化教程（彩色版配实训工作页） | 广东合赢 | 59 |
| 9787111698098 | 汽车检测与故障诊断一体化教程（彩色版配工作页） | 秦志刚　梁卫强 | 69 |
| 9787111699934 | 汽车舒适与安全系统原理检修一体化教程（配任务工单） | 栾琪文 | 59.9 |
| 9787111711667 | 汽车发动机电控系统结构原理与检修（彩色版配实训工单） | 李先伟　吴荣辉 | 59 |
| 9787111689218 | 汽车底盘电控系统原理与检修一体化教程（彩色版）（附实训工作页） | 杨智勇　金艳秋　翟静 | 69 |
| 9787111676836 | 汽车底盘机械系统构造与检修一体化教程（全彩印刷） | 杨智勇　黄艳玲　李培军 | 59 |
| 9787111699637 | 汽车电气设备结构原理与检修（配实训工单）（全彩印刷） | 管伟雄　吴荣辉 | 69 |

机械工业出版社 | 汽车分社

# 读者服务

机械工业出版社立足工程科技主业，坚持传播工业技术、工匠技能和工业文化，是集专业出版、教育出版和大众出版于一体的大型综合性科技出版机构。旗下汽车分社面向汽车全产业链提供知识服务，出版服务覆盖包括工程技术人员、研究人员、管理人员等在内的汽车产业从业者，高等院校、职业院校汽车专业师生和广大汽车爱好者、消费者。

### 一、意见反馈

感谢您购买机械工业出版社出版的图书。我们一直致力于"以专业铸就品质，让阅读更有价值"，这离不开您的支持！如果您对本书有任何建议或意见，请您反馈给我。我社长期接收汽车技术、交通技术、汽车维修、汽车科普、汽车管理及汽车类、交通类教材方面的稿件，欢迎来电来函咨询。

咨询电话：010-88379353　编辑信箱：cmpzhq@163.com

### 二、课件下载

选用本书作为教材，免费赠送电子课件等教学资源供授课教师使用，请添加客服人员微信手机号"13683016884"咨询详情；亦可在机械工业出版社教育服务网（www.cmpedu.com）注册后免费下载。

### 三、教师服务

机工汽车教师群为您提供教学样书申领、最新教材信息、教材特色介绍、专业教材推荐、出版合作咨询等服务，还可免费收看大咖直播课，参加有奖赠书活动，更有机会获得签名版图书、购书优惠券。

加入方式：搜索QQ群号码317137009，加入机工汽车教师群2群。请您加入时备注院校+专业+姓名。

### 四、购书渠道

机工汽车小编
13683016884

我社出版的图书在京东、当当、淘宝、天猫及全国各大新华书店均有销售。

团购热线：010-88379735

零售热线：010-68326294　88379203